적극성에 스펙을 걸어라

적극성에
스펙을 걸어라

수 해드필드(Sue Hadfield) · 질 해슨(Gill Hasson) 지음
심우진 옮김

북어브

적극적으로 행동하기로 마음먹은 한 사람으로부터 많은 중대한 사회적·정치적 변화가 시작되었다.

역사상 수많은 사람들이 자신의 권리를 드러내고자 저항했다. 그들은 분쟁이 일어나는 것을 두려워해 침묵하지 않았으며, 자신이 한 행동에 기꺼이 책임질 준비가 되어 있었다.

1955년 12월 1일, 흑인 여성 로사 파크스Rosa Parks는 한 버스에서 백인만을 위한 자리에 앉으려고 했다. 운전사가 백인 승객을 위한 자리에서 일어나라고 요구했지만 그녀는 거절했다. 이러한 그녀의 행동(클로데트 콜빈Claudette Colvin도 그 전에 이와 비슷하게 거절했다)은 몽고메리 버스에 대한 보이콧을 촉발했고, 결국 미국 남부 주에서 이루어지던 버스 좌석의 흑백 분리 정책에 종지부를 찍었다.

베티 윌리엄스Betty Williams는 1976년 8월에 벨파스트 거리에서 자녀 셋의 죽음을 목격한 뒤, 아이들의 고모인 메어리드 맥과이어Mairead

Maguire와 함께 평화 캠페인을 시작했다. 이 두 여인은 평화의 사람들 모임Peace People Organization을 조직하고 북아일랜드의 신·구교 내란을 끝내기 위한 운동을 시작했다. 윌리엄스와 맥과이어는 1977년에 노벨 평화상을 공동으로 수상했다.

위와 같은 여성들과 넬슨 만델라Nelson Mandela나 간디Gandhi 같은 남성들은 적극적인 대화와 행동의 원리를 따른 예 가운데 일부에 불과하다. 그들은 자기 자신과 남을 위해 저항했다.

그들에게 항상 성공에 대한 확신이 있지는 않았을 것이다. 오히려 닥쳐올 결과를 근심했을지도 모른다. 하지만 그렇다고 해서 행동을 멈추지는 않았다. 더 적극적으로 행동했고 그 결과 변화를 불러일으켰다.

우리도 그렇게 할 수 있다! 온 세상을 바꿀 수는 없을지라도 나 자신의 세상은 바꿀 수 있다.

좀 더 적극적으로 살아간다면 우리의 삶에 어떤 변화가 일어날까? 자신의 감정을 건설적으로 표현하고 바라는 바를 다른 사람에게 알리는 능력을 갖게 될 것이다. 좀 더 적극적이라면 자신이 사귀고 싶은 사람들과 원하는 직장, 더 나아가 꿈꾸던 삶을 누릴 수 있는 기회를 최대로 얻을 수 있다. 그리고 자신감은 더 커지며, 좌절하고 걱정하는 일이 줄어들 것이다. 또한 다른 사람이 적극적으로 살 수 있도록 도와줄 수도 있다.

직장에서 자아와 경력 계발을 가르치는 우리는, 자신감이 없어서 주저하고 다른 사람에게 적극적으로 행동하지 못하는 사람이 얼마나 많은지를 알고서는 깜짝 놀란다. 그래서 바로 그런 사람들과 당신을 돕고자 이 책을 썼다.

이 책이 어떤 도움을 줄 수 있을까? 이 책은 적극성이 무엇인지, 어떻게 적극적으로 행동할 수 있는지, 어떻게 자신의 뜻을 드러낼 수 있는지를 알려 줄 것이다. 1장에서는 적극성인 것과 아닌 것을 살펴볼 것이다. 그렇게 하면 적극적으로 행동할 때와 그렇지 않을 때의 장점과 단점을 배울 수 있다. 항상 적극적인 사람은 없다. 그래서 그 이유가 무엇인지, 언제 적극적으로 행동하기가 쉽고 어려운지를 설명했다. 또한 1장에 있는 '자신의 적극성 알아보기'의 점수를 매기면서 스스로 어떤 상황과 환경에서 좀 더 적극적인지를 파악할 수 있다. 여기서 자신의 자존감과 기대감, 가치와 권리가 모든 적극성에 중요한 역할을 한다는 사실을 알게 될 것이다.

어떻게 하면 좀 더 적극적인 사람이 될 수 있는지를 배우기 전에, 2장에서 행동과 말하는 방식을 바꾸는 데는 일련의 과정이 있다는 사실을 발견하게 될 것이다. 이러한 과정 중 가장 중요한 것은 행동과 말하는 방식 중에 어떤 면을 바꾸고 싶고 더 적극적으로 되고 싶은지 구체적이고도 분명하게 인식하고 있어야 한다는 사실이다. 1장에 있는 '자신의 적극성 알아보기'를 하고 나면 이를 잘 알 수 있을 것이다.

어떤 변화든 기복이 있다는 사실을 아는 것이 중요하다. 하지만 기복이 있다고 해서 자신감과 행동을 바꾸고자 하는 결의까지 무너져서는 안 된다. 자신의 기술과 강점, 그리고 적극적으로 되는 데 도움을 줄 만한 긍정적인 사람을 알고 있다면 적극적이 되는 데 자신감이 붙을 것이다.

또한 신체 언어도 적극적이 되는 데 도움을 준다. 뿐만 아니라 칭찬을 주고받기만 해도 적극적이 되는 데 도움이 된다.

여기까지 읽었다면 당신은 적극적인 것과 그렇지 않은 것, 당신의 행동과 말 중 어떤 부분에서 좀 더 적극적일 수 있는지를 알게 될 것이다. 또한 무엇보다도 자신의 강점을 통해 행동하는 것이 가장 중요하다는 사실을 이해했을 것이다. 하지만 적극적인 행동을 취하기 전에 필요한 것이 있다. 바로 스스로 적극적이겠노라 다짐하고, 적극적일 수 있는 방법을 아는 것이다. 3장에서는 이와 관련된 내용을 풀어

놓았으니 원하거나 원하지 않는 것을 다른 사람에게 말하는 방법을 배울 수 있을 것이다.

이렇게 하려면 자신이 어떻게 느끼는지를 알아야 하며, 느끼는 바를 분명하고 직접적으로 드러낼 수 있어야 한다. 그리고 자신의 권리를 드러내는 동시에 다른 사람의 견해도 귀담아듣고 받아들여야 한다. 또한 자신의 견해를 밝히고, 협상하고 타협하는 일을 언제 해야 하는지도 알아야 한다. 마지막으로, 스스로 책임을 지며 자신이 개입해 발생한 결과로 남을 비난하지 않는 것이 중요하다.

4장에서는 다른 사람에 대한 자신의 반응(비판을 하고 비판을 받을 때의 적극성)에 초점을 맞춘다. 따라서 비판에 민감한 이유를 이해하고, 이에 적극적으로 대처하는 법을 논의할 것이다. 또한 다른 사람을 괴롭히는 이유를 알아보고, 직장과 집에서 괴롭힘을 당할 때 유용한 대처법을 알려 준다.

새로운 기술을 배울 때는 인내심을 갖자. 적극적인 사람이 되려면 시간 그리고 진정한 의지와 용기가 필요하다.

적극적으로 바뀔 자신의 모습을 상상하기 어려울지도 모른다. 그래서 2부에서는 적극적으로 행동하지 못하는 사람(특히 직장에서, 친구와 가족에게)을 살펴볼 것이다. 또한 면접에서 자신을 드러내거나 물건을 살 때, 또는 서비스를 받을 때 등의 상황에서 어떻게 적극적으로 행동하는지도 알아본다.

마지막 장은 결정에 관해 다룬다. 인생에서 훌륭한 결정을 내리는 능력은 적극적인 사람이 되려고 할 때 꼭 필요하다. 10장에서는 왜 때때로 우유부단하게 행동하는지, 왜 결정을 회피하는 실수를 저지르는지를 살펴볼 것이다. 또한 의사 결정 과정에서 필요한 효과적인 결단을 내리기 위한 여섯 단계도 밝혀 놓았다.

각 장에는 적극적인 말과 행동에 대한 예시가 있으므로 이를 연습해 볼 수 있다. 또한 부록은 적극적인 반응에 관한 유용한 리스트이니 확인해 보기 바란다.

자신을 드러낸다고 해서 반드시 다른 사람에게 정당한 대접을 받고 행복해진다거나, 문제가 해결된다거나, 원하는 것을 항상 얻는다는 보장은 없다. 하지만 한 가지는 확실하다. 자신을 드러내면 앞서 말한 것들을 얻을 가능성이 훨씬 커진다는 사실이다.

차례

행동은 생각에서
비롯되는 것이 아니라
책임을 질 준비가 되어야
나온다.
디트리히 본회퍼 Dietrich Bonhoeffer

적극성에 대해 알기

1장에서는 적극성을 비롯해 이와 비슷한 유형의 성격을 알아보자. 여기서는 적극적인 사람이 되기 어려운 이유와 좀 더 적극적인 사람이 되는 방법을 알 수 있다. 그렇다고 해서 자신의 성격을 바꾸라거나 모든 상황에서 적극적인 사람이 되라는 말은 아니다. 중요한 점은 언제 적극적이어야 하고 그렇지 않아야 하는지, 그 타이밍을 잘 포착하는 것이다.

우선 적극적인 사람이 되는 방법을 알아야 한다. 그렇게 되면 두렵다고 현실을 회피하지 않게 되고, 자신의 결정에 확신을 가질 수 있다.

적극적인 사람이라고 해서 매사에 적극적일 필요는 없다. 단지 상황에 맞게 행동하고 거기에 따른 책임을 지면 된다.

Chapter 1

적극성이란 무엇인가?

"우리가 정복해야 할 것은 산이 아니라
바로 우리 자신이다."

– 에드먼드 힐러리Edmund Hillary

How to be
Assertive
in any situation

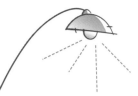

자신의 신념과 태도가 이미 습득되었다 하더라도
인생관은 변할 수 있다.

● 적극성 그리고 이와 다른 성향

"어떻게 하면 적극적일 수 있을까?"라는 물음에 친구는 "긴 막대
기를 휘두르면서 그냥 크게 고함을 지르면 되지."라고 대답했다. 하
지만 적극성은 고함을 지르며 위협하거나 항상 자신이 원하는 바를
성취하는 것을 뜻하지는 않는다. 이는 오히려 공격성이라고 할 수 있
다. 한편, 자신의 생각을 드러내지 않고 다른 사람의 의견에 따르는
것도 늘 최선의 행동은 아니다. 이것은 소극성이다. 다른 사람을 조
종하고 자신의 필요에 따라 책임을 회피하는 것도 정당한 방법은 아
니다. 이것은 소극적 공격성이다.

적극성은 접근 방식이 완전히 다르다. 적극성은 자기가 원하는 바

와 원하지 않는 바를 자신 있고 솔직하게, 직접적인 방식으로 표현하는 것이다. 인간관계에서 소극적인 사람과 공격적인 사람은 자기 자신을 중요하게 여긴다. 이와 반대로 적극적인 사람은 자신과 타인 모두를 중시한다.

어쩌면 적극성이 소극성과 공격성 사이의 연속선상에 있다고 생각할지도 모르겠다. 그러나 적극성은 이렇게 서로 다른 행동과 표현 방식을 이해하는 것이다.

▶적극성 : 다른 사람과 대화할 때 자신감이 있고 솔직하다.

▶공격성 : 거만하며, 자신의 방식을 고집하고 억압적이다.

▶소극성 : 자신의 욕구를 억누르고 다른 사람의 필요와 욕구가 채워지길 바란다.

▶소극적 공격성 : 표현과 행동 방식이 우회적이고 교묘하다.

이제 각 유형의 행동과 표현 방식을 좀 더 자세히 살펴보자.

● 적극성

적극성은 자신의 감정, 견해와 필요한 것을 솔직하고도 적절하게 표현하는 것이다. 적극적인 사람은 자신이 원하는 바와 원하지 않는 바를 분명하게 드러낸다. 다시 말해 자신이 수용하고 거부하는 것,

그리고 어떻게 대접받기를 원하는지를 침착하게 전달한다.

이들은 자신의 생각, 느낌, 믿음을 다른 사람에게 이야기할지 말지를 스스로 결정한다. 비판받더라도 울거나 화내지 않고 적절히 대처한다. 그리고 분쟁에 휘말리는 것을 두려워해 침묵하지 않으며, 자신의 감정과 욕구를 드러낸 뒤의 결과를 감수할 준비가 되어 있다.

적극적인 사람은 굳이 자신을 내세우지도 않지만, 그렇다고 해서 부당한 취급을 참지도 않는다. 일정한 범위를 정해 놓고서 외부의 착취와 공격, 적대감으로부터 자신을 방어한다. 또한 다른 사람과 자신의 의견이 다를 때 상대방의 의견에 열린 자세를 취한다. 다른 사람을 지배하려 하거나 경멸하지 않으며, 확신에 찬 결정을 내리고 말과 행동에 책임을 질 줄 안다. 자신이 원하는 대로 되지 않는다고 해서 다른 사람을 비판하지도 않는다. 그리고 칭찬과 비판 모두를 주고받을 줄 안다.

적극적인 사람에게 세상은 좋은 곳이며, 이들은 자기 자신만큼 다른 사람도 중요하게 여긴다. 즉, 자신에게 권리가 있듯 다른 사람도 똑같은 권리가 있음을 알고 있다.

● 공격성

공격적인 사람 또한 자신의 감정과 견해, 욕구를 표현한다. 하지만 이들은 다른 사람을 위협하고 묵살하며 지배하려 한다. 이들은 자신을 내세우며 자기주장을 밀어붙이려고 한다. 그리고 부당하게 대접 받는다고 생각하면 노골적으로 분노와 적개심을 드러낸다. 이들의 표현 방식은 솔직하고 직접적이기보다는 무례하며 남을 조롱하고 비난하기 일쑤다.

공격적인 사람이 있으면 한 사람은 이기고 한 사람은 질 수밖에 없다. 내가 이기면 상대방은 지는 일방적인 방식이다. 이들은 자신이 하고 싶은 것과 하기 싫은 것만 말하고 남의 말에 귀를 기울이지 않으며, 다른 사람의 욕구와 기분은 안중에도 없다. 그래서 공격적인 사람은 거침없이 말하고 다른 사람 말에 끼어드는 것을 아무렇지도 않게 여긴다. 그런 면에서 보면 공격성은 결국 지배와 침략이다. 공격적인 사람은 근본적으로 다른 사람의 개인적인 영역을 무시하기 때문이다.

인간관계에서 한 사람이 공격적이라면 그가 자신의 성격을 바꾸거나 상대방이 좀 더 단호하게 대처하지 않는 이상 그 관계는 악화 일로로 치닫는다. 공격적인 사람에게 세상은 험한 곳이다. 따라서 이들은 자신의 뜻을 가감 없이 밀고 나가려고 한다.

● 소극성

소극성은 자신의 생각과 감정, 욕구를 드러내지 않는 것이다. 소극적인 사람은 남의 지배를 받고 다른 사람의 뜻에 좌지우지된다.

이런 사람은 남에게 쉽게 조종당하고 다른 사람의 필요에 따라 움직인다. 또한 자신이 원하거나 생각하는 바를 말하지 못한다.

소극적인 사람은 옳고 그른 것, 자신이 어떻게 대우받았으면 좋겠다는 것을 쉽게 나서서 말하지 못한다. 심지어 다른 사람과 의견이 맞지 않아도 동의하는 경우가 많다. 소극적인 사람은 어떤 종류의 마찰도 피하려고 하기 때문이다. 그래서 다른 사람의 반응이 두려워 그냥 그 사람의 말을 조용히 따르려고 한다.

하지만 순순히 다른 사람을 따르기 때문에 곧잘 오해를 받기도 한다. 또한 이들은 그 속내가 잘 드러나지 않기 때문에 종종 다른 사람들에게 외면받거나 무시당한다. 한편 소극적인 사람은 이용당하기 쉽다. 그래서 이들은 하기 싫은 일을 떠맡고 바보 취급을 당하는 경우가 많다.

사람들은 소극적인 사람을 잘 무시한다. 소극적인 사람은 몹시 우유부단해서 다른 사람이 자기 대신 결정을 내리고 일을 하도록 하기 때문이다. 인간관계에서 한 사람이 소극적이라면 상대방이 이기고 그 사람은 지게 된다. 소극적인 사람은 자신에게 아무 권리도 없다고 생각하면서 자기 뜻대로 되지 않을 때 자책을 한다.

만일 다른 사람이 자신에게 못되게 굴거나 불공정하게 대한다 해도 소극적인 사람은 부당하다고 느낀 바를 속으로 감춰 버린다. 그러고는 소극적인 행동 때문에 인간관계에 실망하며 인생이 내 뜻대로 되지 않는다고 푸념을 한다. 이런 사람은 세상이 힘들고 무서운 곳이라고 생각하기 때문에 다른 사람의 요구와 의견이 자신의 요구와 의견보다 더 중요하다고 여긴다.

● 소극적 공격성

소극적 공격성은 자신의 생각과 감정, 욕구를 솔직하게 드러내지 않고 우회적으로 표현하는 것이다. 이런 사람은 회피하는 행동 양식을 보이는데, 자신이 정말 원하는 것과 원치 않는 것을 드러내지 않는다.

소극적 공격성의 사람은 자신이 원하는 바를 얻기 위해 다른 사람을 교묘히 이용한다. 이들은 안 그런 척하면서 상황과 사람을 조종한다. 보통 다른 사람이 필요로 하고 기대하는 것을 하기 싫다고 직접 말하는 대신 이를 소극적으로 거부한다. 일을 질질 끌면서 일이 늦어진 것에 대해 변명거리를 찾거나, 혹은 부탁받은 일을 잊어버린다. 심지어는 정신없이 바쁜 척해서 다른 사람이 그 일을 대신 하게 만들기도 한다.

소극적 공격성의 사람은 대개 분노와 좌절을 억누르면서 말이 아닌 다른 방법으로 이를 표현한다. 예를 들어, 다른 사람이 못마땅할 때 침묵 요법을 쓰거나 기분 나쁜 표정을 짓는 것이다. 하지만 이렇게 한들 이 사람의 진짜 감정을 남이 알아차릴 수는 없는 노릇이다. 또한 이런 사람은 비꼬는 습관, 문제를 맞닥뜨리지 않고 기피하거나 어떤 일을 회피하려는 교묘한 특징을 갖고 있기도 하다.

소극적 공격성의 사람은 일부러 비협조적으로 다른 사람의 일을 방해하기도 한다. 또한 자신이 맡은 일에 대한 책임을 회피하려고 다른 사람이 일을 결정하고 그 일을 자기 대신 해 주게끔 조종한다. 게다가 자신이 져야 할 책임을 은근슬쩍 피해 가려고 다른 사람을 비난할 거리를 찾는다. 이런 경우, 남도 책임을 지고 자신도 책임을 지면서 양쪽 모두 고통을 받는다.

소극적 공격성의 사람은 어떻게 해야 다른 사람의 시선을 끄는지 아주 잘 안다. 이런 사람은 모임에 제때 나타나는 경우가 드문데, 이는 다른 사람이 자신을 기다리면서 자신의 존재를 알아주기를 바라기 때문이다.

소극적 공격성의 사람에게 세상은 불공평한 곳이기에 이들은 자신의 책임을 모면하고자 다른 사람을 비난한다.

● 공격적이거나 소극적이어도 괜찮은 때

적극성이 가장 효과적인 표현 및 행동 방식인 줄 알면서도 우리는 왜 적극적으로 행동하지 못할까? 그것은 바로 인간에게 내재된 싸움 혹은 도망이라는 대응 방식 때문이다. 이는 원시 시대부터 생존을 위협하는 동물과 다른 인간으로부터 자신을 보호하기 위한 대응 방식에서 진화되었다.

싸움은 몸으로 위협에 맞서는 것이고, 도망은 후퇴하는 것이다. 지금도 우리는 싸움과 도망이라는 대응 방식을 갖고 산다. 하지만 스트레스를 주는 상황에 맞서 싸우거나 그로부터 도망치는 대신, 우리는 그런 상황에 다양하게 대응할 수 있다.

싸움은 보통 공격적인 행동으로 나타난다. 이기적이고 지배적이 되며, 화를 내고 큰 소리를 지른다. 한편 도망은 소극적인 행동으로 나타난다. 소극적인 사람은 지배적인 사람에게 쉽게 굴복한다. 이들은 소심하고 말이 없으며, 걱정이 많고 쉽게 포기한다.

현대 사회에서는 동물이나 약탈자를 만날 일이 없을지도 모른다. 하지만 육체적 생존이 위협을 당하는 경우에 싸움과 도망은 상당히 효과적인 대응이다. 싸우거나 도망치면 우리의 몸에서 아드레날린과 또 다른 스트레스 호르몬이 급격히 분출된다. 이럴 경우 맹렬한 화염 속에 갇힌 아이를 구하러 불 속으로 뛰어들기도 하고, 집 안에 강도가 들어왔을 때 납작 엎드려 가만히 있기도 한다.

오늘날에는 비협조적인 상사, 무례한 가게 점원, 대드는 10대 자녀, 비판적인 동료가 위협의 대상이 된다. 우리는 과거의 곰, 호랑이, 약탈자와 마찬가지인 이들 때문에 싸우거나 도망을 간다. 그러나 만약 자기 마음 내키는 대로, 가령 몹시 화가 나 상사의 뺨을 때린다면 일을 더 그르치게 된다. 그렇다고 해서 그 상사로부터 도망치는 것도 비생산적이다.

물론 공격적이거나 소극적인 성향에도 장점은 있다. 화는 매우 강

⊙ 적극성, 공격성, 소극성, 소극적 공격성의 특징

구분	적극성	공격성	소극성	소극적 공격성
태도	나도 괜찮고 남도 괜찮다. 융통성이 있다. 열린 자세다. 낙관적이다. 자신감이 있다. 소신이 있다. 친절하다. 우호적이다. 안정적이다. 고마움을 안다.	나는 괜찮지만 남은 괜찮지 않다. 융통성이 없다. 속이 좁다. 적대적이다. 공격적이다. 편견이 있다. 남을 비난한다. 비협조적이다. 고마움을 모른다.	나는 괜찮지 않고 남은 괜찮다. 포기한다. 비관적이다. 소심하다. 자신을 비하한다. 수용한다. 화를 억누른다. 걱정한다. 초조해한다.	나도 괜찮지 않고 남도 괜찮지 않다. 부정적이다. 완고하다 잘 토라진다. 의심이 많다. 무례하다. 남을 비난한다. 공격적이다. 기분 상하게 한다. 질투가 많다. 화를 낸다.
행동	건설적이다 문제를 해결하려고 한다. 해결책을 찾는다. 협상한다. 협조한다. 경청한다. 관심이 있다. 포괄적이다. 쌍방 타협을 한다. 칭찬과 비판을 한다.	파괴적이다. 자기중심적이고 이기적이다. 남을 배제한다. 폭력적이다. 지배하려 한다. 공격적이다. 냉담하다. 가혹하다.	순종적이다. 말을 잘 듣는다. 감정을 추스르지 못한다. 방향이 없다. 동떨어져 지낸다.	파괴적이다. 교묘하다. 자기중심적이다. 이기적이다. 남을 비난한다. 야비하다. 게으름을 피운다. 고의로 방해한다. 고의로 시기를 꺾는다. 일을 미룬다. 책임을 잊어버린다. 책임을 회피한다. 변명과 거짓말을 한다.
목소리	조용하고 침착하다. 격려한다. 진지하다.	목소리가 크다. 강압적이다. 욕한다. 비꼰다. 빈정댄다. 비판적이다.	조용하다. 우물거린다. 단조롭다. 말이 모호하다.	묵살한다. 비판적이다. 빈정댄다. 투덜거린다. 불평한다.

구분	적극성	공격성	소극성	소극적 공격성
말	…할까요? 어떻게 생각하세요? 저는 …이 필요합니다. 저는 …하고 싶습니다. 고맙습니다.	그만해. 하지 마. 안 할 거야. 할 수 없어. 지금 당장 해. 꺼져. 네 잘못이야. 너는 항상….	미안해. 내가 할 수 없는 일이야. 나밖에 없어. 정말 문제없어. 나는 몰라. 나는 괜찮아. 너한테 달려 있어.	내가 뭘 잘못했니? 옳지 않아. 이렇게 하면 절대 안 돼. 할 수 없어. 아직 안 했어.
몸짓	화제에 어울리는 동작을 한다. 머리를 든다. 눈을 맞춘다. 웃는다.	날카로운 동작을 한다. 남의 영역을 침범한다. 눈을 굴린다. 찡그린다.	움츠러든다. 구부정하다. 움찔한다.	눈을 맞추지 않는다. 찡그린다. 거짓 웃음을 짓는다. 지루해하며 손을 만지작거린다.

력하고 유용한 감정이다. 화를 내는 것 자체는 아무 문제가 없다. 다만 화를 언제 어떻게 표출하는가가 중요하다. 또한 다른 사람의 요구를 순순히 들어준다고 해서 문제 될 것은 없다. 늘 그러지 않는다면 괜찮다.

표에서 볼 수 있듯이 각각의 행동 양식은 장점과 단점이 있다. 이 때문에 무의식적으로 다른 방식이 아닌 한 방식으로 행동하고 표현하게 된다.

적극적이지 않은 사람과 달리, 적극적인 사람이 공격적이거나 수동적일 때는 이런 자신의 행동에 기꺼이 책임을 진다. 예를 들어, 적극적인 사람은 공격적일 때 '맞아, 나는 엄청 화가 나 있어.' 라는 사

● 적극성, 공격성, 소극성, 소극적 공격성의 장점과 단점

구분	적극성	공격성	소극성	소극적 공격성
장점	다른 사람이 존경한다. 원하는 것과 싫어하는 것을 누구보다 잘 알고 있다. 욕구가 충족된다. 다른 사람의 욕구를 고려한다.	다른 사람이 두려워한다. 주의를 끈다. 마음대로 한다.	다른 사람이 좋아한다. 다른 사람이 다루기 쉽다고 여긴다. 결정을 내릴 필요가 없다. 다른 사람이 미안해한다. 책임질 필요가 없다.	필요하면 상황을 조작한다. 주의를 끈다. 마음대로 한다. 책임을 지지 않는다.
단점	다른 사람이 시기하거나 화를 낸다. 그의 의지와 결단을 공격적으로 여긴다. 원하는 것을 얻는다는 보장이 없다.	다른 사람이 무서워하고 피한다. 다른 사람이 싫어하고 피한다. 다른 사람이 같은 방법으로 보복한다. 자기 자신에게 죄의식을 갖거나 실망감을 느낄 수 있다.	다른 사람이 무시한다. 상황을 바꿀 수 없다. 소외되거나 멸시받는다. 요구가 충족되지 않는다.	그 때문에 다른 사람이 혼란에 빠지고 좌절한다. 다른 사람이 싫어할지도 모른다. 다른 사람이 피한다.

실을 스스로도 잘 알고 있다.

누군가가 자신을 지배하려 들 때, 적극적인 사람은 물리적인 힘을 포함해 모든 필요한 수단을 동원해서 자신을 보호한다. 적극적인 사람은 공격의 수단이 아닌 방어의 수단으로 공격성을 사용한다.

그런데 적극적인 사람이 소극적인 방식으로 행동한다면, '나는 그것과 관련된 일은 하지 않을 거야. 나는 이 일에서 손 뗄래.'라는 의미다. 다른 사람의 지배를 받는 것을 좋아하지 않기도 하지만 폭력이나 압력을 회피하는 것이 최선임을 잘 알기 때문이다.

이와 반대로, 공격적인 사람은 자신의 행동에 책임을 지지 않으려 한다. 이들은 단지 화가 나서 그랬다고 말한다. 한편, 소극적인 사람은 다른 사람 때문에 그렇게 되었다고 말한다. 또한 소극적 공격성의 사람은 이 둘 중 하나를 골라 말한다.

● 적극적인 사람이 되려는 이유

적극적인 사람이 되려고 하는 데는 다양한 이유가 있다. 표현과 행동 방식은 대부분 어린 시절에 확립된다. 성장 과정, 과거와 현재의 인간관계, 과거에 받은 상처와 실망 등 다양한 이유로 인생을 내 뜻대로 살아가기 어렵다고 생각하게 되는 것이다.

이는 성별에서도 마찬가지로 나타난다. 일반적으로 우리 문화에서 남자는 공격적이고 여자는 소극적이라고 여긴다. 그래서 원하는 것을 표현하지 못하는 남자는 자신이 느끼고 믿는 바를 공격적으로 표출한다. 반면에 자신의 요구와 신념을 잘 드러내지 않는 여자는 이를 소극적으로 표출한다.

왜 우리는 이런 방식으로 행동하는 것일까?

공격적인 행동을 하는 이유

공격적인 행동은 그 시간이 짧든 길든 종종 자신이 무시당하거나 오해받거나 속았을 때, 혹은 자신이 타인에게 그런 행동을 했을 때 나타난다. 그렇다면 우리는 어떤 상황에서만 공격적으로 행동하는 것인지도 모른다. 가령 술을 마신 뒤, 혹은 무시당하거나 놀림 받았을 때, 참을 수 없거나 화가 날 때, 매우 속상할 때처럼 말이다.

이런 공격적인 행동은 누군가로부터 습득된 것일 수 있다. 또한 자라면서 원하는 것이 있다면 공격적으로 행동해야 얻을 수 있고, 원하지 않으면 거절하는 것이 당연하다고 배웠을 수도 있다.

소극적인 행동을 하는 이유

만일 부모나 교사, 형제 혹은 친구가 강압적이고 지배적인 성격이라면 아이는 자신의 생각이 틀렸다고 인식하게 된다. 커서도 자신의 생각이나 느낌을 당당하게 말하지 못한다. 또한 집이나 학교에서 다른 사람이 항상 우선이 되어야 한다고 배웠다면 아이는 자신이 원하는 것을 다른 사람에게 부탁하는 일이 옳지 않다고 여기게 된다.

언젠가 나는 빵집에서 신이 난 두 아이가 할머니에게 빵을 사 달라고 말하는 것을 본 적이 있다. 아이들 말에 할머니는 이렇게 대꾸했다. "내가 뭐라고 했니? 사 달라고 하는 애한테는 아무것도 안 사 준다고 했지?" 이게 도대체 말이 되는 소린가?!

원하는 것을 거절당해서 낙심해 본 적이 있는 사람이라면 다른 사람이 싫어할 것을 걱정해서 자신의 생각을 제대로 표현하지 못할 수도 있다. 또한 남이 원하는 바를 들어주지 않으면 그 사람이 상처를 받거나 화를 내거나 실망하리라고 생각할 수도 있다.

이런 사람들은 스스로 무엇이 필요하고 어떤 생각을 하는지 말할 권리가 없다고 여긴다. 결정을 쉽게 내리지 못하거나 특정 상황에서 자신이 원하는 바를 정확히 알지 못하는 사람은 대개 자기주장이 강한 다른 사람의 의견을 자연스레 따르게 된다.

이 유형의 사람들은 그런 생각과 행동이 마음속 깊이 뿌리박혀 있다. '습득된 무력감' 이론에서는 소극적인 사람은 자신이 무력하기 때문에 포기해야 한다는 것을 과거의 부정적인 경험으로부터 배운다고 한다. 그래서 그들은 현재나 미래의 일에 대해 (그것이 옳든 그르든) 자신이 할 수 있는 일은 아무것도 없다고 여기고 그 일을 바꾸려는 어떤 시도조차 하지 않는다는 것이다.

반면에 적극적인 사람은 훨씬 더 긍정적인 인생관을 갖고 있다. 이들은 자신이 어떤 일에 긍정적인 영향을 미칠 수 있다고 믿는다. 물론 적극적인 사람들 가운데에도 나타날 결과를 매우 긍정적인 쪽으로 예측하는 낙관론자가 있다. 낙관론자는 인생을 자신의 뜻대로 할 수 있다고 보고 자신의 감정을 잘 조절할 수 있다고 믿는다. 또한 이로 말미암아 벌어지는 상황에 대처할 수 있다고 믿는다.

비록 자신의 신념과 태도가 이미 습득되었다 하더라도 인생관은 변할 수 있다. 마찬가지로 신념과 태도도 영원하지 않다. 그런 점에서 볼 때 좀 더 적극적이고 긍정적으로 생각하고 행동하는 법을 다른 사람에게 배울 수 있다. 당신은 이 책에서 그것을 알아 갈 수 있을 것이다.

소극적 공격성의 행동을 하는 이유

소극적 공격성의 행동을 하는 사람들은 타인에게 자신의 욕구와 느낌, 생각을 표현하는 것이 무례하고 이기적이며 용납될 수 없는 행동이라고 배웠다. 그래서 다른 사람을 향한 자신의 분노와 적개심을 소극적으로 표현할 수밖에 없을지도 모른다.

자라면서 화를 내거나 좌절감 혹은 실망감을 드러냈을 때 야단을 맞거나 심지어 체벌을 받았을 수 있다. 그런 경험을 했다면 자신의 욕구와 감정을 눈에 띄지 않게 해서 인간관계를 직접적으로 위험에 빠뜨리려고 하지 않을 것이다.

만일 소극적 공격성의 자세로 행동한다면 그 사람에게는 진정으로 말하고 행동하고 부탁하고 싶은 것에 대한 자신감이 결여되어 있다고 보면 된다. 하지만 소극적인 사람이 그냥 다른 사람의 결정에 자신의 운명을 맡겨 버리는 것과 달리, 소극적 공격성의 사람은 타인의 변덕에 따라 좌지우지되는 것을 싫어한다. 그렇다고 자신의 의견을 적극적으로 나타내는 것도 아니다. 그래서 이들은 다른 사람이 책임을 떠맡게 하면서 자신이 원하는 바를 얻고자 은밀한 공작을 편다.

소극적 공격성의 행동은 특정한 환경에서 더 두드러지기도 한다. 예컨대 자신의 능력과 성과를 검증받을 때, 부모나 상사, 교사, 강압적인 친구같이 힘을 가진 사람 앞에서 행동할 때 그렇다. 이런 경우에는 종종 화가 난 행동을 간접적으로 드러낸다.

소극적 공격성의 방식으로 행동할 때, 자신의 감정을 분명하게 드러낼 수 없다는 사실은 알아차려도 자신이 그렇게 교묘하게 행동하는 것은 깨닫지 못한다.

● 적극적인 사람이 되기 어려운 이유

다음과 같은 이유 중에서 당신은 어떠한 이유로 적극적이지 않은가?

- 다른 사람이 혼란스럽게 하거나 겁을 준다.
- 다른 사람이 화가 나거나 속상해할지도 모른다.
- 자신의 권리에 확신이 서지 않는다.
- 우유부단하다.
- 상대방으로부터 응답을 받지 못한다.
- 마음을 제어할 수 없다.
- 피곤하거나 스트레스를 받았다.
- 자신감이 결여되었거나 불안정한 느낌이 든다.
- 상황에 대처할 수 있는 다른 방법을 생각해 낼 수 없다 ― 어떻게 해야 적극적이 될 수 있는지 모른다.

● 자존감과 자신감의 역할

적극성은 자존감 및 자신감과 깊이 관련되어 있다. 왜 그럴까?

자, 이렇게 가정해 보자. 나는 자신의 느낌과 생각, 필요한 것을 직접적으로 정직하게 드러내는 적극적인 사람이 되려고 한다. 그리고 적극적인 사람이 되려면 자신이 원하는 바를 다른 사람에게 나타내야 한다는 사실도 잘 알고 있다.

매우 간단하지 않은가? 하지만 그렇지 않다. 왜 그럴까? 적극적인 사람이 되려면 바로 자존감과 자신감이 있어야 하기 때문이다.

자신감은 자신이 무언가를 해낼 능력이 있다고 믿는 것이다. 그래서 자신이 원하는 것과 싫어하는 것을 말할 수 있는 자신감이 필요하다. 또한 자신이 생각하는 것 그리고 다른 사람이 나를 어떻게 대접해 주기를 바라는지를 말할 수 있는 자신감도 있어야 한다.

높은 자존감은 자신의 가치와 능력을 긍정적으로 생각하는 것이다. 만약 다른 사람들에게 자신의 의견을 잘 드러내지 못하는 습관이 있다면 어떨까? 이러지도 저러지도 못하는 '캐치-22(catch-22 : 미국 작가 조지프 헬러의 소설 제목으로, 소설에서는 병사들이 전투 임무에서 빠져나가는 것 등을 모순된 군사적 규칙으로써 원천적으로 금지한다. 이후 이 제목은 진퇴양난의 상황을 가리키는 말이 되었다._옮긴이)나 이중 구속 상황(double-bind situation : 두 가지 이상의 메시지를 받았을 때 한 메시지를 따르면 다른 메시지는 거부하는 상황이 되는 경우를 일컫는다._옮긴이)에 빠져 있음을 발견하게 될 것이다. 즉, 모순되어 보이는 두 개의 요구에 갇혀 버리는 것이다.

예를 들어, 너무 예민하다는 소리를 들을까 봐 친구의 말에 상처 받았다는 사실을 말하지 않는다면 친구뿐만 아니라 감정을 표현하지 못하는 자신에게도 화가 날 것이다. 심지어 친구가 자신을 칭찬하더라도 속으로는 그렇게 생각하지 않을 것이라고 여긴다. 이러한 상황이 누적되면 자신과 자신의 능력에 회의적일 수밖에 없다. 그러면서 자신감이 떨어지고 자신을 드러낼 기회도 점점 없어지게 된다.

그렇다면 결국 어떻게 될까? 자신의 상처 난 마음을 숨기는 대신 다른 방식으로 그것을 표현할 것이다. 이와 같은 소극적 공격성의 행동 때문에 친구와 이전의 관계를 유지할 수 없을지도 모른다. 그러다가 몇 달이나 지난 뒤 과거에 상처 받았던 일을 낱낱이 꺼내 언쟁을 벌일 것이다.

적극적인 사람도 자신의 요구와 희망 사항을 말하기를 주저할까? 물론 그럴 때도 있다. 하지만 적극적인 사람은 다른 사람보다 자신이 행동한 결과에 대처하고 책임질 준비가 되어 있다. 또한 벌어질 일에 대한 걱정이나 두려움, 근심보다는 사람과 상황에 대처해 나가는 데 초점을 맞춘다. 이렇듯 적극적인 사람은 언제든 시작해야 한다는 사실을 잘 알고 있다.

● 타인과 상황이 미치는 영향

타인과 특정한 상황은 적극성에 영향을 미칠 수 있다. 예를 들어, 다른 사람이 공격적이라 내 자신감을 짓밟고 나에게 위협을 가할 때, 내가 다른 사람의 기대에 부응할 수 없을까 봐 걱정될 때, 또는 다른 사람이 화나고 속상해 있을 때는 나 자신을 드러내기 어려울 수도 있다.

그뿐만 아니라 상대방이 소극적이어도 우리는 적극적으로 행동하기 어려울 것이다. 게다가 그 사람이 부정적이고 걱정이 많으며 심리가 불안하고 긴장까지 한다면 두말할 나위 없을 것이다. 또한 다른 사람이 소극적 공격성의 성격이라 쉽게 상처 받거나, 혹은 나를 혼란에 빠뜨리며 무시하거나 모욕을 주어도 우리는 적극적으로 되기 어려울 수 있다.

그러나 적극적으로 행동하는 사람은 당신을 존중하고 도와주며 당신의 말에 귀를 기울일 것이다. 이런 경우에 우리는 훨씬 더 적극적으로 되기 쉽다.

타인과 상황에 따라 적극성은 얼마든지 영향을 받게 마련이다. 하지만 다른 사람에게 갖고 있는 기대감이 오히려 적극적으로 행동하는 데 큰 걸림돌이 될 수 있다.

● 기대감, 가치관, 권리

다른 사람에게 합당한 기대감을 갖고 있는지 자신에게 한번 물어보라. 어쩌면 당신은 그 기대치를 조정해야 할지도 모른다. 우리는 흔히 다른 사람이 우리 자신에게 행동하는 방식을 옳은 것과 그른 것으로 나눈다. 또한 다른 사람과의 관계 속에서 너무 많은 것을 기대하기도 한다. 문제는, 다른 사람이 우리가 기대하는 바에 미치지 못하면 우리는 그에게 실망하고 속상해하며 때론 분개하기도 한다는 것이다. 이런 대부분의 경우에 우리는 자신이 가졌던 기대치 때문에 모든 소통이 단절되고 오해와 분쟁, 불신이 생긴다는 사실을 까맣게 잊어버린다.

만일 당신이 (의식적으로든 무의식적으로든) 너무 높은 기대치를 갖고 있다면 당신 자신과 다른 사람에게 실망하고 좌절하며 화가 날 것이다. 한편, 당신과 당신의 인생 그리고 다른 사람에 대한 기대치가 너무 낮다면 어떤 일에 관여하거나 자신의 목적을 달성하기 위해 스스로를 드러내기가 힘들어질 것이다.

예를 들어, 당신은 친구가 의리 있고 정직하고 믿을 만한 사람이길 바랄 것이다. 하지만 이런 기대감이 깨진다면 화가 나거나 속상할 것이다. 그리고 이런 감정을 마음속에 담은 채 소극성 혹은 소극적 공격성으로 행동할 것이다. 아니면 그런 감정을 밖으로 표출하면서 적극적 혹은 공격적으로 행동할 수도 있다.

어린 시절에 다른 사람한테 많은 애정과 지도, 도움을 받지 못했다면 다른 사람이 자신의 욕구를 신경 쓰지 않으리라고 생각할 수도 있다. 또한 지나치게 많은 관심을 받고 자랐어도 자기비판적인 사람이 될 수 있다. 자기비판적인 사람은 대부분 어린 시절에 부모와 다른 어른의 기대와 요구를 받은 경우가 많다. 그래서 부모나 선생님의 기대와 요구가 비현실적이라고 여기는 대신, 어린 시절 그들이 자신에게 했던 것처럼 똑같이 다른 사람에게 종종 날 선 비판을 가한다. 그리고 자신의 기대치에 맞게 다른 사람을 바꾸려고 엄청난 시간을 들이고 온갖 애를 쓴다.

　하지만 우리는 현실적인 기대를 할 줄 알아야 한다. 이는 다른 사람이 당신의 필요에 맞추기를 바라는 대신 당신 자신의 인생을 스스로 책임질 줄 알아야 한다는 말이다. 누군가가 당신에게 비현실적인 기대를 한다는 사실을 알아차렸을 때 그 사람이 당신을 조종하지 못하도록 조처를 취할 수 있어야 한다.

　물론 이 방법 외에도 좀 더 적극적으로 대화하고 행동한다면 다른 사람들에게 존중받게 될 것이다.

● 가치관과 권리

"이것이 나의 원칙이다. 이것이 마음에 들지 않으면 나에게는 다른 원칙이
있다."

－그루초 마르크스Groucho Marx

　자신의 권리가 무엇인지를 알 때 적극적으로 되기 쉽다. 예를 들
어, 전자제품 대리점에서 믹서를 사 가지고 왔는데 작동을 안 한다면
돈을 돌려받을 법적인 권리가 있다. 하지만 개인적인 권리는 법적인
권리와 좀 다르다. 법적인 권리는 나라에서 지정하는 반면 개인적인
권리는 자신에 의해 결정된다. 오직 자기 자신만이 개인적인 권리를
결정할 수 있다. 자신의 권리는 자신의 가치, 즉 인생에서 나 자신에
게 소중한 것, 가치 있는 것과 관련이 있다.

　당신의 가치관은 당신의 권리를 특징지을 것이다. 예를 들어, 당신
이 프라이버시를 중요하게 생각한다면 개인 정보를 노출하지 않는
것을 당신의 권리라고 여길 것이다. 만일 의리에 가치를 둔다면, 다
른 사람이 충실하고 믿음직하기를 바라는 것이 당신의 권리라고 여
길 것이다. 또한 용서에 가치를 둔다면 잘못을 저지르는 것도 당신의
권리라고 여길지 모른다.

┌─ **자신의 권리** ─┐

　개인의 권리를 잘 파악하고 있으면 자신의 가치관과 기대치가 좀 더 분명해질 것이다. 다음은 그러한 권리의 예다.

- 죄의식 없이 원하는 바를 부탁하기
- 정보를 요구하기
- 자신의 생각과 감정을 표현하기
- 스스로 결정을 내리고 그에 따른 결과에 대처해 나가기
- 다른 사람의 문제를 해결할 책임을 질지 말지 결정하기
- 모르거나 이해 못하기
- 실수하기
- 성공하기
- 마음을 바꾸기
- 프라이버시 지키기
- 혼자 있고 독립적이기
- 적극적이지 않기로 결정하기
- 변화를 주기

　이외에 어떤 권리가 있다고 생각하는가? 자기 자신을 위해 선택한 권리를 다른 사람에게도 똑같이 적용할 수 있겠는가?

　이런 권리가 다른 사람에게도 똑같이 적용된다고 믿을지 모르겠지만, 가치관과 개인적인 권리는 상당히 주관적이다. 이것은 자신의 경험 그리고 자신과 다른 사람에 대한 기대에 기초한다. 다른 누군가의 개인적인 권리는 그 사람의 경험과 기대에 기초하기 때문에 이 권리는 사람마다 다르다.

　"적극성과 공격성의 근본적인 차이점은 말과 행동이 어떻게 다른 사람의 권

리와 행복에 영향을 미치는가 하는 것이다."

–샤런 앤서니 바우어Sharon Anthony Bower

자신의 권리와 다른 사람의 권리에 대해 신념을 지녀라. 자신이 생각하고 느끼고 믿는 바를 말하되 다른 사람의 권리도 인정하라. 적극적일 때 자신의 권리를 위해 나설 수 있고, 다른 사람의 권리를 침해하지 않는 범위에서 자신을 드러낼 수 있다.

공격적인 사람은 자신의 요구와 의견을 너무 강압적으로 표현하기 때문에 다른 사람의 권리를 침해하게 된다. 소극적인 사람은 자신의 요구와 생각, 감정을 드러내지 않기 때문에 자신의 권리를 주장하지 못하고, 결국 다른 사람이 자신의 권리를 침해할 여지를 남긴다. 또한 소극적 공격성의 사람은 비열하고 교묘하기 때문에 자신의 권리를 드러내지 않을 뿐만 아니라 다른 사람의 권리도 침해한다. 결국 둘 다 손해를 보는 것이다.

적극적인 사람은 모두가 개인적인 권리를 갖고 있다고 생각한다. 그럼으로써 각자가 적극적인 행동을 취할 수 있도록 한다.

● 삶의 모든 분야에서 중요한 적극성

우리에게는 항상 적극적으로 살아갈 수 있는 자질이 있다. 그러나 특정한 사람이나 상황 때문에 적극적이 될 수도 있고 그렇지 못할 수도 있다. 예를 들어, 친구에게는 "안 돼."라고 쉽게 거절하겠지만 직장 동료의 부탁에 단호히 "안 됩니다."라고 거절하기는 어려울 것이다. 약속 시간에 늦은 친구에게 화가 났다고 말하는 데는 문제가 없어도, 훌쩍거리며 우는 여동생에게는 화를 낼 수 없을 것이다.

어떤 때는 적극적이고 어떤 때는 적극적이지 않다면 불안정하기 때문이다. 상사가 업무 외의 일을 시킬 때 거절하기가 어려운가? 그렇다면 직장에서 해고당할까 봐 걱정되기 때문일 것이다. 한편으로 직장에서 해고당하지 않으리라는 자신감은 있어도 자신의 10대 자녀를 적극적으로 대하기는 어려울 수 있다. 아이가 가출할까 봐 집안일을 도와 달라고 강요하지 못할 수도 있다.

자기가 하는 일에 자신감이 없고 그 일이 평가받고 있다고 느낀다면 새로운 도전에 직면했을 때 적극적으로 행동하기 어려울지도 모른다. 그러나 자기가 하는 일에 능숙하다면 자신의 행동이나 동기에 도전하는 누군가에 맞서기가 덜 어려울 것이다.

● 요약

적극성은 자신이 원하거나 원하지 않는 바를 소신 있게 직접적으로 드러내는 것이다. 또한 다른 사람의 관점과 의견이 자신과 다르다 하더라도 이에 대해 열린 자세를 취하는 것이다.

소극적이거나 공격적인 데는 각각 장점과 단점이 있다. 공격적으로 화를 내도 괜찮다. 단지 언제 어떻게 표현하는지가 중요하다. 소극적이라도 크게 문제 되지 않는다. 항상 소극적으로만 행동하지 않는다면 말이다.

적극적인 사람도 공격적이거나 소극적일 때가 있다. 이는 그 행동에 책임질 준비가 되어 있는 경우다. 적극적이지 않은 사람은 흔히 다른 사람이 자신을 적극적이지 못하게 만든다며 다른 사람을 비판한다.

물론 적극적인 사람이 되기 어려운 원인이 있다. 어린 시절의 양육방식이나 신념, 기대감, 인간관계, 실망감과 자신감의 정도가 그것이다. 이외에도 다른 사람의 행동 또한 적극성에 영향을 미친다.

그렇다고 자신이 행동하고 대화하는 방식과 신념, 태도가 항상 똑같을 필요는 없다. 좀 더 적극적이고 긍정적으로 생각하고 행동할 수 있으면 된다.

자신의 개인적인 권리를 확실하게 인식할 수 있다면 자신의 가치와 기대감이 좀 더 분명해진다. 자신의 권리와 다른 사람의 권리를 모두 인정하라. 자신이 믿는 바와 원하거나 원치 않는 바를 말하되 다른 사람에게도 똑같은 권리가 있음을 명심하라.

● 자신의 적극성 알아보기

당신은 얼마나 적극적인가? 당신은 특정한 상황에서 어떤 사람들에

▶ 나는 얼마나 적극적인가?

직장에서의 적극성	1~10점 척도
상사가 나에게 게으르다고 한다. 나는 조용하고 은밀하게 상사에게 항변한다.	
상부 임원 앞에서 해야 하는 프레젠테이션이 기대된다.	
동료가 공동 프로젝트에서 맡은 일을 하지 않는다. 나는 화를 내는 대신 그 사람을 책망한다.	
업무를 상당히 뛰어나게 수행했다고 생각한다. 이에 대해 급여 인상을 요구한다.	
동료가 성격이 불 같고 나에게 말을 쏘아붙인다. 그래도 나는 이를 신경 쓰지 않고 그냥 무시한다.	
벌써 과로를 했다고 생각하는데 상사가 일을 더 하라고 시킨다. 이때 나는 그 일을 할 수 없다고 말한다.	
친구 관계에서의 적극성	**1~10점 척도**
친구에게 각자 먹은 밥값은 각자 계산하자고 이야기한다.	
회원들끼리 서로 잘 아는 동호회에서 모임에 빠진 사람의 험담을 한다. 나는 그 사람을 변호한다.	
나는 약속이 있는데, 밤에 애를 봐 달라고 하는 친구한테 생각할 시간을 달라고 한다. 그리고 "안 되겠어."라고 말한다.	
몇몇 친구가 내 말에 상처를 받았다고 한다. 말도 안 된다고 생각하지만, 사과를 하고 그들이 옳았다고 인정한다.	
모든 사람이 내가 이야기하는 것을 좋아하고 즐거워한다고 친구가 말한다. 나는 그 칭찬에 기분이 좋아지고 "고맙다."고 이야기한다.	
여러 명의 친구와 식당에 갔다. 메뉴를 훑어본 다음 가장 먼저 내가 먹고 싶은 것을 고른다.	

게 매우 적극적으로 행동할 수 있다. 하지만 다른 상황에서는 당신의 마음을 정직하고 분명하게 드러내기가 어려울 수 있다. 다음에 제시된 항목을 통해 자신의 적극성 정도를 알 수 있을 것이다. 그리고 어떤 상

가족 관계에서의 적극성	1~10점 척도
배우자의 가족이 내가 새로 꾸민 집을 비난한다. 나는 그 말에 유머와 웃음으로 답한다.	
10대 자녀가 장봐 온 것을 정리해 주고 식탁을 치워 준 것에 대해 칭찬한다.	
엄마가 매일 전화해서 집에 들르라고 한다. 나는 앞으로 그렇게 자주 들를 수 없을 거라고 이야기한다.	
자식을 잘 키운다는 아버지의 칭찬을 진심으로 기뻐한다.	
배우자에게 집안일을 도와주지 않고 집에도 늦게 들어와서 기분이 안 좋다고 말한다.	
가족과 함께 모여서 앞으로 가족이 가졌으면 하는 직장에 대해 이야기를 나눈다.	

서비스 업종에서의 적극성	1~10점 척도
분주한 식당에 혼자 앉아 있는데 종업원이 나한테 신경도 쓰지 않는다. 그 종업원에게 다가가서 주문을 받으라고 요구한다.	
의사가 나를 진찰하고 해야 할 것과 하지 말아야 할 것을 말해 준다. 의사의 말이 잘 이해되지 않아 다시 설명해 달라고 하면서 받아 적을 시간을 달라고 부탁한다.	
점원이 수많은 구두를 보여 주지만 어떤 것도 마음에 들지 않는다. 나는 구두를 사지 않고 가게를 나온다.	
거실에 깔 바닥재를 주문했는데 제날짜에 오지도 않았고 나중에 하자까지 발생했다. 나는 주문처에 내가 원하는 것을 정확하고 분명하게 설명한다.	
식당에서 아이들이 소리를 지르며 뛰어다니고 식탁 밑에도 들어간다. 나는 주인에게 그 아이들의 부모에게 주의를 주라고 말한다.	
수업을 받고 있는데 몇 명의 학생이 계속해서 떠든다. 나는 개인적으로 교수를 찾아가 이 문제에 대해 신경을 써 달라고 부탁한다.	

황에서 어떤 사람과 더불어 좀 더 적극적으로 행동할 수 있는지 발견할 수 있을 것이다.

다양한 상황과 적극적인 반응에 대해 10점 만점으로 1~10점의

면접에서의 적극성	1~10점 척도
매우 큰 회사로부터 면접을 보러 오라는 연락을 받았다. 나는 그 회사의 웹 사이트를 보면서 주의 깊게 그 회사를 조사한다.	
면접을 기다리고 있는데 면접관이 도착했다. 나는 일어나서 미소를 짓고 그의 얼굴을 쳐다보며 인사를 한다.	
내가 잘 모르는 질문을 받았다. 나는 그 질문을 잘 이해하지 못했으니 다시 한 번만 더 설명해 달라고 부탁한다.	
나의 기술과 장점을 말하라고 한다. 나는 나의 기술과 장점에 대해 예를 들어 설명한다.	
나의 약점에 대해 질문을 받았다. 나는 예를 들거나 일할 때 약점이 무엇인지 말한다. 혹은 나의 약점이 어떻게 장점이 될 수 있는지도 설명한다.	
면접관이 내가 과거에 일했던 회사가 안 좋다고 무시한다. 나는 이 말에 반대하며 왜 그런지 설명한다.	

점수를 매기면 된다. 예를 들어, 아기를 봐 달라는 친구의 요청에 "안 돼."라고 말하기 어렵다면 2점을 준다. 동료가 당신을 피할 경우 그에게 나한테 화가 났냐고 물어볼 수 있다면 9점이나 10점 정도를 준다.

직장에서의 적극성, 친구 관계에서의 적극성, 가족 관계에서의 적극성, 서비스 업종에서의 적극성, 면접에서의 적극성으로 구분하여 각 항목의 점수를 합한다.

▶ 50점 이상 : 어떤 사람도 당신을 마음대로 하지 못한다. 당신 자신을 드러내는 데 어려움이 거의 없다.

▶ 30점 이상 : 나쁘지 않다. 하지만 낮은 점수를 받은 각 상황에서 적극성을 높여야 한다.

▶ 30점 이하 : 대부분의 상황에서 낮은 점수를 받았을 것이다. 그렇다면 이 책에서 제시하는 내용을 잘 숙지해야 한다.

이제 어떤 상황에서 적극적이기 어려운지 알게 되었을 것이다. 1장의 후반부 내용을 잘 읽어 보면 어떻게 해야 적극적인 사람이 될 수 있는지 이해할 수 있다. 하지만 이론을 이해하는 것과 삶에서 실천하는 것은 매우 다른 문제다. 이를 돕고자 2장에서는 구체적인 상황을 살펴볼 것이다. 그리고 어떻게 해야 다른 사람을 적극적으로 다룰 수 있는지도 시험해 볼 것이다. 점수를 매겨 봄으로써 어떤 부분에서 적극성이 낮은지 알 수 있다. 제일 쉬운 상황부터 시작하는 것이 좋다. 제안을 살펴보고 이를 실제 삶에 적용해 보자.

Chapter **2**

나도 남도 기분 좋게 하라

"모든 사람이 세상을 바꾸려고 한다.
하지만 누구도 자신을 바꾸려고 하지 않는다."

— 레오 톨스토이Leo Tolstoy

How to be
Assertive
in any situation

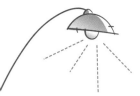

*칭찬을 하면 자신의 삶에서 온갖 종류의 긍정적인 면을
찾을 수 있을 것이다.*

● 변화시키기

마지막 장(章)까지 다 읽고 나면 적극성, 공격성, 소극성, 소극적 공
격성 사이에 여러 차이점이 있음을 알게 될 것이다. 또한 어떤 상황
에서는 적극적으로 행동하면서 다른 상황에서는 적극적으로 행동하
지 못하는 이유도 이해할 수 있게 된다. 이제 자신의 삶에서 적극성
을 향상시킬 부분을 깨닫고 자기가 가진 장점과 약점을 받아들이게
될 것이다.

변화할 준비가 되었는가? 아직 확신이 들지 않는가? 그렇다 하더라
도 너무 걱정하지 말라.

행동하고 대화하는 방식을 바꾸는 것은 상당히 부담스러운 일이

문제 인식 단계와 심사숙고 단계

이 단계는 변화가 필요하다는 인식에서 출발한다. 행동을 바꾸려는 결정은 감정에서 비롯될 수도 있고 이성적인 판단에서 비롯될 수도 있다. 누군가가 당신의 행동을 거리껴 해서 혹은 당신 스스로 달라지고자 해서 행동을 바꾸려고 마음먹었을 수도 있다. 이때 당신은 변화를 주면 이점이 따른다는 사실을 잘 알고 있다. 하지만 아직 바꿀 수 있는지 확신이 없다.

준비 단계

이 단계는 시간이 제법 걸릴 수 있다. 또한 이 준비 단계는 다시 여러 단계로 나뉜다.

- 변화해야 한다는 증거와 조짐을 찾는다.
- 장점과 단점을 나열해 본다.
- 행동을 변화시킬 방법에 관한 정보를 모은다.
- 얼마큼의 시간을 들여 변화할 것인지 적당한 시간을 정한다.
- 변화에 필요한 것이 무엇인지 생각한다.
- 구체적이고 긍정적인 목표를 세운다.

준비 단계에서부터 변화를 주려고 할지도 모르겠다. 하지만 그보다는 우선 정말로 자신의 행동이 변해야 한다는 확신이 들 만한 신호를 찾아보는 것이 좋다. 또한 변화하기 전에 특별한 기준을 세워야 한다.

선입견을 가지면 어떠한 방향으로 변화해야 하는지 결정을 내릴 때 실수를 할 수 있다. 자신의 행동을 결론짓는 데 도움이 되는 사실만을 받아들이고 다른 결론이 날 만한 사실은 무시해 버릴 수 있는 것이다. 예를 들어, 당신의 행동이 엄마의 마음에 들지 않았다. 하지만 동생은 그것이 당신의 문제가 아니라 엄마의 문제라고 말한다. 그래서 당신은 그 행동을 바꿀 필요가 없다고 신이 나서 결론을 내린다. 그런 다음 행동이 변해야 한다는 확신이 들 만한 단서를 더 이상 찾지 않는다.

변화를 실행에 옮기는 단계로 넘어가지 못하게 하는 이유는 선입견 외에 또 무엇이 있을까? 자신이 하려는 바를 잘 알고 있고 그에 따른 결과도 예측할 수 있다면 행동에 옮기기가 쉬울 것이다. 특히 그러한 변화로 당신의 능력과 가치가 상승한다면 더 적극적으로 행동을 변화시키려 할 것이다.

시기 역시 매우 중요하다. 예를 들어, 당신이 속한 부서의 일이 현재 그렇게 안정적이지 않기 때문에 직장에서 좀 더 적극적으로 행동하기에는 좋은 때가 아니라고 생각할 수 있다.

결국 이 준비 단계에서는 가장 변화시켜야 할 행동이 무엇인지 정확히 파악하는 것이 중요하므로 분명하게 목표를 설정해야 한다(1장의 '자신의 적극성 알아보기'가 도움이 될 것이다). 예를 들어, 덜 공격적이면서 좀 더 적극적으로 행동하려는 것은 아주 좋은 일이라고 여긴다. 하지만 좀 더 구체적인 목표가 필요하다. 막연하게 어떻게 하자라고 생각하는 대신, 적극성의 정도를 낮추고 싶다면 '누군가에게 부탁하고 싶을 때마다 목소리를 낮춰서 말하는 것'을 목표로 삼으면 어떨까? 반대로 적극성의 정도를 높이고 싶다면 '남에게 부탁할 때 말을 우물거리지 말자'라고 좀 더 분명하게 목표를 세우는 것도 좋다.

실행 단계

변화를 실제 행동에 옮기는 단계다. 행동을 수정하거나 어떤 행동을 다른 행동으로 바꾼다. 실행 단계에서는 보통 스트레스를 상당히 받고 시간과 노력이 많이 든다. 하지만 준비를 잘했다면 이 단계 또한 즐겁게 즐길 수 있으며 매우 빠르게 새로운 방식으로 대화하고 행동할 수 있게 된다. 계획 단계에서 설정했던 목표와 계획에 따라 실행 단계에서는 작고 점진적인 변화가 생기거나 인생이 송두리째 바뀔 수도 있다.

유지 단계

이 단계에서는 계속해서 새로운 방식으로 대화하고 행동해 나간다. 그러다 보면 과거의 습관과 행동 양식을 버리고 싶을 것이다. 또한 적극적이지 않았던 행동으로 되돌아가고 싶은 유혹을 피할 방법도 찾을 것이다.

긍정적 목표 설정

여기서 꼭 한 가지를 명심하자. 예를 들어, '남에게 부탁할 때 말을 우물거리지 말자' 혹은 '아이들이 잘못했을 때 소리를 지르지 말자'라고 생각은 하지만 정작 어떻게 행동해야 할지는 모른다. 이럴 때는 긍정적인 목표를 세우도록 하자. '부탁할 일이 있을 때는 분명하게 이야기하고 눈을 쳐다보자' 혹은 '화가 날 때는 숨을 크게 들이쉬고 조용히 이야기하자'가 훨씬 긍정적인 목표다. 그러므로 도움이 안 되는 행동을 없애려면 그 대신 해야 할 긍정적인 행동이 무엇인지도 결정해야 한다.

부정적인 말보다 긍정적인 말로 정의 내릴 때 행동을 변화시킬 가능성이 더 크다. 변화시키고자 하는 의도가 너무 강하면 '끊는다, 그만둔다, 없앤다' 등과 같이 부정적인 목표에 초점을 맞추게 되므로 조심하자.

만일 '너무 비판적으로 말하지 말자'와 같은 부정적인 목표를 설정하면 마음은 '말자'와 '비판적으로'으로라는 부정적인 말에 초점을 맞추게 된다. '…하지 않는다', '…하지 말아야 한다', '그만둔다'가 들어가는 해결책은 자기 파괴적이 된다. 그러므로 '너무 비판적으로 말하지 말자' 대신 '좀 더 너그러운 마음과 포용력을 갖자'라는 목표를 설정한다.

피하고 싶은 목표보다 원하는 목표를 세우는 것이 훨씬 낫다. 변화를 위한 준비 단계를 거칠 때는 목표를 이루고자 하는 간절한 마음이 있어야 하기 때문이다. 이는 긍정적인 목표를 가질 때 가능하다. 반대로 '…하지 말아야 한다', '…할 수 없다', 혹은 '…안 할 것이다'라는 말로 표현되는 부정적인 목표를 세우면 기분이 울적해지고 실패할 확률이 높으며 동기도 부여되지 않는다.

바꾸고 싶은 행동	그 대신 하고 싶은 행동	결과에 대한 느낌
아들이 입은 옷을 비판하기	아들이 입었으면 하는 옷에 초점 맞추기	도전이 기대된다.
동료와 함께 늦게까지 일하기	매일 퇴근 시간까지 일을 끝내겠다고 동료에게 말하기	걱정은 되지만 제시간에 일을 끝내기로 마음먹자.

목표를 이루는 데 너무 오랜 시간이 걸릴까 봐 걱정되는가? '내가 이제부터 아이에게 좀 더 적극적으로 대한다면 그 아이의 행동이 정말로 바뀌는 데 족히 수 개월은 걸릴 거야.' 이렇게 생각하면 아무것도 할 수 없다. 당신이 아무런 행동을 취하지 않더라도 시간은 흘러가고 자녀에게는 아무런 변화도 일어나지 않을 것이다.

긍정적으로 변할 수 있도록 결단을 내리자. 그런 다음 자문해 보라. '이렇게 행동하며 살아가는 나 자신에게 어떤 기분이 드는가?' 이 물음에 자극을 받게 되고 희망이 생기는가? 그렇다면 이제 변화를 시작하라!

당신의 목표는 미래에 있다. 하지만 당신이 현재에서 살아가는 것도 사실이다. 그러므로 긍정적인 목표를 생각하고 설정하면 지금 당신의 기분도 훨씬 좋아질 것이다.

하지만 어떤 목표를 설정해도 기분이 좋아지지 않을 수 있다. 왜 그럴까? 혹시 변화 때문에 너무 많은 희생을 치러야 할까 봐 걱정되는가? 변화를 달성하기까지 마주하게 될 위험과 다른 걱정 때문에 마음이 무거운가? 그렇다면 그것은 현실적인 목표가 아니다. 그 목표를 버리고 발전 가능한 다른 목표를 설정해야 한다.

종결 단계

이 단계가 되면 완전히 새로운 행동 방식을 확립하게 된다. 이제 좀 더 효과적인 대화와 행동 방식을 영구히 자기 것으로 만들었다. 이전에 문제가 되었던 행동을 더 이상 선택하지 않는다. 예를 들어, 어떤 안건에 대해 동의하지 않는다고 말할 용기가 없어서 뿌루뚱한 채로 회의실을 나서는 일은 이제 없을 것이다.

대화나 행동이 변화하면 한 단계에서 다음 단계로 넘어가게 된다.

각각의 단계는 그다음 단계를 위한 준비 과정이다. 따라서 각 단계에서 서두르거나 단계를 건너뛰는 것보다 한 단계씩 차근차근 밟아 나가는 것이 효과적이다.

● 진보, 변화, 그리고 퇴보

행동을 변화시키려 할 때, 실수를 한다든지 과거에 말하고 행동하던 방식으로 되돌아갈 가능성이 크다. 물론 퇴보는 아주 정상적이고 충분히 일어날 수 있는 일이다. 하지만 만일 퇴보하게 된다면 실패와 실망, 좌절감을 느낄 수도 있다. 성공의 열쇠는 후퇴가 당신의 결단과 자신감을 무너뜨리지 않도록 하는 데 있다. 그러니 퇴보한다고 해서 절대 포기하지 말라.

만일 다른 사람과의 관계에서 옛날 방식으로 되돌아간다면 그런 일이 발생한 원인을 파악해 보자. 무엇이 퇴보를 촉발했을까? 미래에 이런 일이 되풀이되지 않도록 하려면 어떻게 해야 할까?

어쩌면 당신은 할 수 있는 범위 밖의 일까지 하려고 했거나 목표를 너무 광범위하게 잡았을 수도 있다. 예를 들어, '모든 사람에게 더욱 친절히 대하기'는 너무 큰 목표다. 그 대신 '나와 의견이 다르다고 해서 동료에게 험악하게 굴지 않기'라는 목표가 좀 더 이루기 쉽다.

이 경우 자신의 동기와 전략, 목표에 얼마큼 전념했는지 재확인해 보는 것도 좋다. 또한 미래에 일어날 법한 실패를 어떻게 다룰지에 대한 계획도 세우는 편이 좋다. 새로운 행동을 준비하고, 실행에 옮기고, 이를 유지할 수 있는 방법을 최대한 잘 파악해서 준비해야만 성공할 가능성이 크다.

만약 이전의 말과 행동 방식으로 되돌아갔다 하더라도 완전히 처음 순간으로 되돌아가는 것은 아니다. 일반적으로 두 발짝 앞으로 가고 한 발짝 뒤로 퇴보한다. 이 말은 실수 속에서 또 다른 것을 배우고, 앞으로 나아가기 위해 이미 배웠던 것을 적용해 보면서 전진도 하고 퇴보도 한다는 뜻이다. 새로운 방식의 행동이 확립될 때까지 이러한 주기를 몇 번씩이나 겪을 수도 있다.

새로운 행동을 자기 것으로 만들려면 연습이 필요한데 이는 인내심을 갖고 해야 한다. 또한 과거의 습관이 하룻밤 사이에 없어지지는 않으므로 몇 번이고 퇴보할 수 있다.

난관을 실패로 여기지 말라. 실수를 진보의 한 부분이라고 생각하는 편이 훨씬 낫다. 실수 속에서 배울 기회를 얻게 되고, 다음번에 더 잘할 수 있다는 긍정적인 생각과 자신감을 천천히 쌓아 갈 수 있기 때문이다.

● 변화를 위한 준비-자긍심을 가져라

행동을 변화시키려는 결심과 자신감이 실수로 인해 약해지지 않도록 하라. 그리고 적극적으로 행동하는 데 필요한 기술과 강점을 잘 파악하면 좀 더 자신감 있게 행동할 수 있을 것이다. 강점은 행동과 기술, 지식이 결합되어 생긴다. 이러한 특성을 적용해서 지속적으로 성공적인 결과를 만들어 낼 수 있다.

모든 사람은 자신만의 강점을 파악할 수 있다. 하지만 무엇이 강점인지를 어떻게 알 수 있을까?

- '이게 진짜 나야' 라고 진짜로 느낀다.
- 강점을 이용해 어떤 일을 쉽고 빠르게 할 수 있다.
- 종종 강점에 일치하는 행동을 하려고 한다.
- 강점을 사용할 때 부정적이기보다 긍정적으로 느낀다.

우리가 관심 있어 하는 강점들은 적극성과 관련이 있다. 예를 들어, 당신의 강점 중 하나가 남의 말을 잘 들어주는 것이라면 적극성을 쌓는 블록 하나를 이미 갖고 있는 셈이다. 남의 말을 잘 들어주는 사람은 다른 사람의 욕구와 느낌을 쉽게 인식할 수 있기 때문이다.

다음은 적극적인 말과 행동에 관련된 강점들이다. 자신의 강점을 찾아 표시하고, 이러한 강점이 나타나는 삶의 모든 영역—직장, 가족, 친구, 여가 활동—을 생각해 보라.

목적을 달성한다.　　　충실하다.　　　　　열린 마음을 갖고 있다.
책임감이 있다.　　　　동정심이 있다.　　　낙관적이다.
융통성이 있다.　　　　격려한다.　　　　　정리가 된다.
다정하다.　　　　　　탐구적이다.　　　　인내심이 있다.
박애적이다.　　　　　열정적이다.　　　　평화롭다.
감사하는 마음을 갖는다.　공정하다.　　　　　끈질기다.
사귀기 쉽다.　　　　　유순하다.　　　　　시간을 지킨다.
잘 돌본다.　　　　　　용서할 줄 안다.　　위안을 준다.
침착하다.　　　　　　관대하다.　　　　　믿음직하다.
헌신적이다.　　　　　도움이 된다.　　　　존경받을 만하다.
온정이 있다.　　　　　정직하다.　　　　　위험을 감수한다.
양심적이다.　　　　　희망적이다.　　　　성실하다.
일관적이다.　　　　　추진력이 있다.　　　고상하다.
조력한다.　　　　　　총괄적이다.　　　　즉각적이다.
호기심이 있다.　　　　자립적이다.　　　　동정적이다.
단호하다.　　　　　　공명정대하다.　　　자발적이다.
신뢰할 만하다.　　　　친절하다.　　　　　겸손하다.
의지가 굳다.　　　　　충직하다.　　　　　주의 깊다.
사교적이다.　　　　　분별력이 있다.

이제 자신의 강점 중 다른 강점보다 뛰어나다고 여겨지는 것을 세 가지 고르라. 당신은 이러한 강점을 언제 사용했는가? 어떤 방식으로 그리고 어떤 상황에서 이용했는가?

적극성과 관련된 강점을 사용했던 때를 떠올리면 분명히 좀 더 자신감 있는 적극적인 사람이 될 것이다. 예를 들어, 당신의 강점이 단호함과 끈기라면 누군가가 당신에게 누명을 씌우려고 했을 때 의연

한 자세를 보였던 기억이 있을 것이다. 만일 당신이 친절하고 남을 잘 돌보는 사람이라면 아마도 다른 사람의 입장에서 그를 걱정한 때를 떠올릴 수 있을 것이다. 그리고 당신의 강점 중 하나가 책임감이라면 당신이 자신의 행동과 결정에 책임을 지는 일이 쉽다는 사실을 알 것이다.

● 긍정적인 사람의 중요성

자신의 강점을 확인하는 것뿐만 아니라 주위에 긍정적인 사람이 있는지를 알아보는 일도 중요하다. 긍정적인 사람은 당신의 의견을 존중해 주며 당신을 기분 좋게 만들어 당신이 당신 자신의 존재감을 느끼게 해 줄 것이다. 사실 여러 면에서 긍정적인 사람은 적극적인 사람임이 분명하다. 이런 사람은 자신이 생각하는 바를 당신에게 말

> **긍정적인 사람**
>
> 누가 당신의 인생에서 긍정적인 사람인가? 각자가 가진 특성은 모두 다르다. 당신에게 영감을 주며 동기를 유발하는 사람일 수도 있고, 힘들 때는 격려하고 성공했을 때는 축하해 주는 그런 사람일 수도 있다. 그런 점에서 볼 때 조언해 주는 사람이 반드시 가까운 친구일 필요는 없다. 그 사람은 훌륭한 치료사일 수도, 지원 팀의 누군가일 수도 있고, 동료나 미용사일 수도 있다. 자신의 인생에서 누가 긍정적인 사람일까를 창조적으로 생각해 보라. 그 사람이 누구든 우리 자신이 좀 더 적극적일 수 있도록 강점과 영감을 불어넣고 힘을 더해 줄 것이다.

해 주고 다른 사람의 의견에 열린 자세를 취한다.

타인은 난방기도 될 수 있고 냉각기도 될 수 있다. 난방기 같은 사람은 따뜻한 온기가 가득한 긍정적인 힘으로 당신이 자신감과 영감을 얻을 수 있도록 돕는다. 반면에 냉각기는 난방기와 달리 온기와 힘을 빼앗는다. 그래서 냉각기 같은 사람은 차갑고 부정적인 힘으로 당신을 낙담시키고 좌절하게 한다.

누가 냉각기 같은 사람인지 어떻게 확인할 수 있을까? 비판적이고 빈정대고 투덜거리며 불평해 대는 사람을 찾으면 된다. 냉각기 같은 사람은 마음이 가난하고 자기중심적이다. 이는 바로 전형적인 소극적 공격성의 특징이다. 이런 사람이 주위에 있다면 그와 함께하는 시간을 점차 줄이는 것이 좋다. 물론 그것은 당신의 선택이지만 냉각기를 다룰 때는 조심하라고 당부하고 싶다.

● 자긍심을 갖고 선순환으로 들어가기

자신의 기술과 강점 그리고 주위의 긍정적인 사람을 확인했다면 강점을 갖고 실행에 옮길 수 있다.

1장에서는 적극성이 자존감 및 자신감과 밀접하게 연결되어 있음을 살펴보았다. 자신감은 무엇인가를 할 수 있다는 자신의 능력에 대한 신뢰다. 그러므로 원하는 것과 원치 않는 것을 말할 수 있는 자신감이 있어야 한다. 또한 자신의 뜻을 드러낸 이후에 발생하는 결과도

원만하게 처리할 수 있다는 자신감이 있어야 한다. 하지만 습관적으로 자신의 마음을 잘 드러내지 못한다면 이중 구속 상황이 될 수 있다. 즉, 자신감이 없어서 자기를 드러낼 수 없고, 자기를 거의 드러내지 않는 탓에 자신감을 가질 수 없다. 이 같은 두 가지 모순 속에 갇혀버리게 되는 것이다.

이를 해결할 방법이 있다. 바로 거꾸로 하는 것이다! 자신의 마음을 드러내면 다음번에는 좀 더 자신감이 생길 것이다. 이렇듯 새롭게 발견된 높은 수준의 자신감으로 말미암아 자신을 적극적으로 드러내고자 할 것이다. 이는 윈윈 전략이 될 수 있다. 자신감은 어떤 일이 어느 순간에 아무리 두렵고 어렵더라도 행동으로 옮길 수 있는 능력이라는 것을 명심하자.

성공적으로 앞으로 나아가려면 일단 걸음을 떼어야 하고 그래야만 자신감을 쌓아 나갈 수 있다. 위압적인 시어머니나 직장 상사가 화를 쏟아 낼 때 그 말에 반박하기 위해 그 자리에 그대로 있지 말라. 좀 더 일을 잘 처리하는 친구와 함께 적극적으로 여기에 대처해 나가라. 이런 친구가 옆에 있으면 당신의 의견을 드러내야 할 때 도움을 줄 수 있을 것이다.

● 감정 조절-절제하고 행동을 취하라

적극적인 사람도 자신의 요구와 바람을 말하는 데 두려움을 느낀다. 하지만 적극적인 사람과 그렇지 않은 사람의 차이점은 자신의 요구와 바람을 실행에 옮기는가, 그렇지 않은가에 있다. 그리고 적극적인 사람은 그 결과에 대한 책임을 진다. 또한 자신이 한 행동에 뒤따를 결과가 두려워서 무기력해지지 않는다.

● 자신이 느끼는 바를 인식하고 받아들이기

적극적이 되고 싶다면 두렵거나 걱정이 앞서더라도 사람과 상황에 대처해 나가야 한다. 언젠가는 행동을 실제로 해야 한다는 사실을 인식하라.

예를 들어, 올케가 자주 당신을 무시한다고 하자. 당신은 자신의 마음을 드러낸 뒤 나타날 결과를 두려워하며 올케의 공격을 받을 때 당신 자신을 방어할 자신감도 없다. 만일 가족이 이 일로 편이 나뉘어서 가족 간에 분란이 생기고 이 때문에 남편이 속상해한다면 어떻게 할 것인가?

반대로 당신이 용기를 갖고 꿋꿋하게 올케와 대면한다고 가정해 보자. 어떤 결과가 발생할지 걱정되더라도 올케의 말에 당신의 기분이 어땠는지를 올케에게 말한다고 생각해 보라. 물론 그러고 싶지 않을 수도 있다. 하지만 자신감을 갖고 더는 그 말을 참을 수 없다고 말해야 한다.

만일 이렇게 말했는데도 올케가 또 같은 말을 한다면, 그때는 그녀를 불러서 그 말이 정확히 무슨 뜻인지 분명히 설명해 달라고 하자. 그러고는 그녀가 당신을 무시하며 하는 말에 반박하거나 반대하고, 이제는 이런 상황을 좌시하지 않을 것이라고 말한다. 그리고 앞으로 사건이 어떻게 전개될지 생각해 보고 그에 따른 결과까지 예측해서 말해 준다. 즉, 당신이 올케에게 따지고 드는 것을 다른 가족들이 싫어할 수도 있다는 사실을 잘 알고 있지만 올케가 기분 나쁘게 행동하는 것을 그냥 넘어가지 않겠다고 올케에게 이야기하는 것이다.

그 결과 당신은?

- 두려움과 올케에 모두 맞서게 되었다.
- 기분이 어떤지를 말했다.
- 자신이 참을 수 있는 범위를 정했다.
- 자신을 적대하는 사람에 대해 자신을 방어할 권리를 연습했다.
- 발생하는 결과에 책임질 것임을 분명히 밝혔다.

이로써 적극성을 성취하게 되었다!

● 약점 인정하기

1장에서 '자신의 적극성 알아보기'를 통해 자신이 어떤 사람과 어떤 상황 앞에서 좀 더 적극적일 수 있는지를 파악했을 것이다. 다른 모든 사람과 마찬가지로 당신에게도 장점과 약점이 있으며, 이 사실을 인정하면 적극적인 행동을 시작하기가 쉽다.

자신의 약점을 주관적인 입장에서 현실적으로 평가하고 받아들인다고 해서 그 약점 때문에 자신이 적극적으로 되는 것을 포기한다는 뜻은 아니다. 이는 단순히 과거의 행동과 태도, 신념이 변할 수 없다고 인정하는 것일 뿐이다.

적극적인 사람은 자신의 약점에 갇혀 있지 않는다. 대신 그들은 자신의 실수와 경험을 통해 배워 나간다. 그들은 그때 자신이 어떻게 행동해야 했는지를 생각하고 다음에는 그때와 다르게 행동함으로써 문제를 해결한다. 적극적인 사람은 미래의 행동과 태도, 신념이 변할 수 있음을 잘 안다. 미래의 일은 충분히 바뀔 수 있다는 긍정적인 자세로 사람과 상황에 대처해 나가자!

● 훌륭한 신체 언어로 말하기

적극적인 사람이 되는 데 신체 언어도 큰 역할을 한다. 당신이 침묵하고 있더라도 몸짓과 표정, 겉모습으로는 계속 소통하고 있다.

사람들은 의사소통을 할 때 몸을 써서 의사소통을 돕거나 말하는 것을 강조한다. 재미있는 사실은 의사소통이 어려울 때 신체 언어가 더 부각된다는 것이다. 예를 들어, 어떤 사람이 크고 강한 몸짓을 할 때 그 사람이 화났다는 것을 금방 알아차릴 수 있다. 또 어떤 사람이 손을 만지작거리거나 배배 꼴 때 불안하다는 것을 알 수 있다.

만약 다른 사람과 의사소통을 할 때 눈을 잘 마주치지 못한 채 구부정한 자세로 불안한 동작과 적극적이지 않은 행동을 하면 적극적으로 소통하는 데 도움이 되지 않는다. 반면에 균형 잡힌 몸짓, 침착한 목소리와 행동은 적극적으로 소통하는 데 도움을 줄 수 있다.

신체의 움직임은 그 사람에 관한 많은 것을 알려 준다. 그래서 비언어적인 행동으로도 당신이 누구이며 지금 어떻게 느끼고 있는지에 대해 다른 사람과 소통할 수 있다. 또한 상대방은 당신의 성실성과 신뢰성, 감정을 당신의 신체 언어로 추측해 볼 수 있다. 그러므로 자신의 신체 언어를 잘 파악한 뒤 제대로 사용한다면 자신을 적절히 드러내는 데 큰 도움이 될 것이다.

자세

우리의 몸짓은 종종 우리의 감정에 영향을 받는다. 화나고 짜증이 나면 어깨와 턱, 어금니가 앞으로 튀어나올 것이다. 뒷짐을 지는 것은 권위를 나타내거나 혹은 어떤 '이슈'가 있다는 의미다.

겁이 나거나 불안할 때는 몸이 구부정해지고 턱이 아래로 축 처지며 어깨가 튀어나온다. 이렇게 되면 당신이 불안을 느끼는 것과 별개로 다른 사람들도 당신과 함께 있는 것을 불편해한다.

자신감과 적극성을 드러내려면 편안하게 서서 머리를 똑바로 하면 된다. 어깨는 여유롭게 풀고 체중을 양다리에 똑같이 싣는다.

겁이 날 때 자신감 있는 자세를 취하면 곧바로 조금 전보다 더 자신감이 넘칠 것이다. 단지 자세만 바꾸어도 감정과 기분에 영향을 줄 수 있기 때문이다. 거울 앞에서 자신감 넘치는 자세를 연습해 보고 자신감 있는 모습과 그 자세를 취했을 때의 기분이 어떤지를 잘 파악하라.

거리

당신이 느끼기에 사람과 사람 사이의 가장 편안한 거리는 어느 정도인가? 다른 사람을 만났을 때 자신이 편안하게 느끼는 공간을 확보하고, 필요하다면 몸을 움직여서라도 그 거리를 만들라.

몸짓

손가락으로 머리를 만지작거리는가? 손톱을 물어뜯는가? 안절부절못하며 몸에 찬 액세서리를 만지는가? 그렇다면 당신은 긴장하지 않고 있더라도 다른 사람이 볼 때는 꼭 긴장한 것처럼 보일 만한 행동을 할 것이다.

한 문장을 말할 때마다 손과 팔을 움직이는가? 말할 때마다 손짓, 몸짓을 끊임없이 사용하지 않도록 하라. 강조하려고 할 때만 몸짓을 하자. 자신의 감정을 말과 표정으로 전달한다면 팔은 움직일 필요 없이 그냥 편하게 내려놓고 있으면 된다.

눈

당신의 눈을 똑바로 쳐다보지 못하는 사람과 대화를 할 때 어떤가? 아마도 그 사람은 당신 어깨너머나 바닥을 보거나 다른 사람을 쳐다보고 있었을 것이다. 즉, 당신을 보지 않는 것이다. 이런 경우 당신은 굉장히 불편하고 언짢아지면서 당신이나 당신의 말에 관심이 없다고 느꼈을 수 있다.

문자 메시지를 보내거나, 책을 읽거나, 컴퓨터를 하거나, TV를 보면서 등을 돌리고 말하는 사람과 굳이 이야기하려고 애쓰지 말라. 그 사람이 당신과의 대화에 주의를 돌릴 때까지 기다려라. 다른 사람과 이야기를 할 때는 눈을 이리저리 굴려 불안해 보이지 않도록 하고 적극적으로 상대방을 쳐다보라.

목소리

기분이 안 좋을 때 말을 하지 않고 입술을 꾹 다물고 있으면 다른 사람이 그런 행동을 보고 금방 기분을 알아챌 것이다. 중얼거리거나 징징거리는 것도 적극적이 되는 데 방해가 된다. (이런 행동 자체로 당신의 기분을 정확히 드러내지는 못해도) 오히려 이런 행동은 당신이 긴장하고 있다는 것을 드러낸다. 또 '저기', '그러니까', '음', '있잖아' 같은 말을 많이 해도 안 좋은 인상을 줄 수 있다.

천천히, 분명하게, 그리고 침착하게 말하라. 급하고 무분별하게 말을 하면 사람들이 잘 이해하지 못할 뿐만 아니라 당신의 말을 귀담아

듣지도 않게 된다.

악수

악수를 해 보면 상대방이 어떤 사람이고 어떻게 소통을 하는지 알
수 있다. 악수를 할 때 자신감과 활기가 없이 불어 터진 국수처럼 흐
물흐물하게 손을 잡는가? 그렇다고 팔씨름마냥 손을 세게 잡을 필요
도 없다. 그냥 가볍게 손을 잡고 흔들면 된다.

겉모습

옷차림도 인상에 영향을 미친다. 당신이 입은 옷, 그 색상과 디자
인은 모두 당신이 어떤 사람인지를 보여 준다.

주변 사람들보다 지나치게 옷을 잘 차려입거나, 반대로 너무 갖춰
입지 않은 경우, 적어도 불편하다는 느낌을 받았을 것이다. 혹은 자
신감을 잃는 더 나쁜 상황에 빠졌을 수도 있다. 겉모습에 자신감이
있으면 더 적극적으로 행동하는 데 도움이 된다.

그렇다고 자신의 개성을 잘 드러내고 편하면서도 자신감이 넘치는
옷을 차려입는 데 돈이나 시간을 많이 들일 필요는 없다. 지금이 최
고의 모습이라는 데 대한 믿음만 있으면 된다. 머리를 곧추세우고 말
을 분명하게 하며 웃음을 짓고 악수하라. 누구나 훌륭한 신체 언어로
좀 더 적극적인 사람이 될 수 있다.

칭찬 주고받기

긍정적인 말 주고받기는 자신과 다른 사람 모두의 기분을 좋게 하는 데 아주 효과적이다. 긍정적인 말에는 존경, 칭찬, 인정, 감사가 있다.

진심에서 우러나오는 칭찬을 하면 자신의 세계 밖으로 관심을 돌릴 수 있다. 이런 칭찬은 그 사람을 좀 더 깊이 알아야만 할 수 있기 때문이다. 칭찬을 제대로 하려면 상대방의 긍정적인 면과 특징, 그리고 구체적인 예를 열심히 찾아야 한다.

칭찬을 규칙적으로 하자(하루에 한 번씩 해 보자). 그러면 상대방의 긍정적인 면이 당신 눈에 들어올 것이다. 자기 주위에 있는 사람들을 주의 깊게 살필수록 칭찬하기가 더 쉬워진다.

사람들 속에 있는 최고의 면을 찾는 쪽으로 자신의 생각이 바뀌어 가면 적극적인 시도가 삶 속으로 번지게 된다. 칭찬을 하면 자신의 삶에서 온갖 종류의 긍정적인 면을 찾을 수 있을 것이다.

물론 칭찬을 거절하는 사람도 있다. 하지만 대부분의 경우 진심 어린 칭찬은 항상 다른 사람의 기를 북돋운다. 어떤 사람에게 또는 문화에 따라서는 칭찬을 부인하는 것을 예의 바른 행동으로 보거나 덥석 칭찬을 인정하는 것을 예의 없다고 여기기도 한다는 사실을 기억하라. 칭찬을 곧바로 인정하면 무례하고 이상하다고 생각해서 칭찬을 거부하는 사람도 있다.

칭찬은 선물과도 같다. 상대방이 당신의 선물을 바라지 않는다 하

┌─┐ **칭찬하는 법** ┌─┐

　칭찬은 구체적으로 하라. 가장 구체적으로 한 칭찬이 기억에 오랫동안 남는다. 당신이 그 사람을 주목하고 있었음을 보여 주기 때문이다.

　전체적인 칭찬을 먼저 한 다음 구체적인 예를 들어 말해도 되고, 전체적인 칭찬 없이 바로 구체적으로 말해도 된다. 예를 들면, "야, 너 오늘 멋지다! 네 머리 스타일 정말 마음에 든다." "당신이 쓴 보고서가 아주 좋습니다. 그 문제를 이해하기 쉽게 잘 다뤘더군요."

　그리고 그 사람이 당신에게 좋은 영향을 준 것도 언급하면 좋다.

　"제 일을 걱정해 주셔서 한결 좋아졌습니다. 감사합니다."

　"말씀하신 걸 듣고 나서 이제부터 다르게 행동해야겠다고 다짐하게 되었습니다. 정말 감사드립니다."

　"선생님 덕분에 오늘의 제가 있게 되었습니다. 고맙습니다."

　"잘 해결해 주셔서 제가 안심하게 되었습니다. 고맙습니다."

　상대방에게 큰일을 해냈다고 말해 주면 그 사람은 자기 자신에게 자신감을 갖게 된다(칭찬의 목적). 그리고 자신의 행동이 당신에게 좋은 영향을 끼친 줄 알고 힘을 낸다. 수줍어서 "아뇨, 그렇지 않아요."라고 말하더라도 당신이 한 칭찬 자체를 부인하지는 않을 것이다.

더라도 당신에게 칭찬하려는 좋은 마음이 남는다. 칭찬을 받아들이는 최고의 방법은 선물을 받을 때와 똑같이 "고맙습니다." 하고 인사하는 것이다. 절대 부정적인 말은 하지 말라. 고맙다는 인사 외에 더 하고 싶은 말이 있다면 긍정적인 말을 하라.

　"정말 듣기 좋은 말이네요. 고맙습니다."

　"오늘(이번 주) 들어 본 말 가운데 최고의 칭찬이네요. 고맙습니다!"

"그렇게 말씀해 주셔서 고맙습니다."

"그렇게 말씀해 주시니 몸 둘 바를 모르겠습니다. 감사합니다."

"저도 그렇게 할 수 있어서 정말 기쁩니다. 감사합니다."

잘한 일로 칭찬을 들었는데 그 일이 당신 혼자 한 일이 아니라면 그 일을 도와준 다른 사람에게도 공을 돌려라.

"차장님과 과장님이 도움을 많이 주셨습니다. 그분들이 아니었으면 이렇게 잘하기는 어려웠을 겁니다."

칭찬을 들을 때는 이를 되갚아야 한다는 생각을 버리고 그냥 칭찬을 받아들여라. 그래야만 좀 더 자신감을 갖게 되고 자신을 더 사랑하게 될 것이다.

● 요약

▶ 말과 행동을 바꾸려고 할 때 긍정적인 면에 초점을 맞춘다.

▶ 바꾸고 싶은 것을 분명하고 구체적으로 정한다.

▶ 말과 행동을 바꾸는 데는 시간이 걸린다. 퇴보를 염두에 둔다 ― '두 걸음 앞으로, 한 걸음 뒤로'.

▶ 자신의 능력과 강점을 잘 알아 둔다. 주위에 긍정적인 사람이 누가 있는지 잘 살핀다. 당신이 노력할 때 좀 더 적극적이 되도록 도와줄 것이다.

▶ 용기를 갖는다. 불안하고 걱정이 되더라도 사람과 상황에 대처

해 나간다.

▶ 신체 언어를 잘 사용한다. 적극적인 사람이 되는 데 큰 도움이
될 것이다.

▶ 칭찬을 주고받는다. 칭찬을 하면 삶의 다양한 부분에서 긍정적
인 면을 발견하게 될 것이다.

Chapter **3**

원하는 바를 말하라

"자신의 모습대로 살고 느끼는 대로 말하라.
이를 문제 삼는다면 당신과 상관없는 사람이고,
상관이 있는 사람은 문제 삼지 않기 때문이다."
– 닥터 수스Dr. Seuss

How to be
Assertive
in any situation

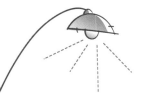

*원하는 것이나 거절하고 싶은 것이 있을 때
요점을 똑바로 이야기해야 한다.*

근심, 죄의식, 분노나 변화에 대한 두려움처럼 그 장벽이 무엇이든 원하는 바를 말하기 어려운 주된 이유 중 하나는 자신이 원하는 것을 어떻게 말해야 하는지를 모른다는 데 있다. 원하는 바를 사람들에게 말할 때는 다음과 같은 자세를 해야 한다.

- 자신이 어떤 기분인지를 안다.
- 직접적이고 분명한 자세로 말한다.
- 남의 말을 주의 깊게 듣고 다른 사람의 견해에 열린 자세를 취한다.
- 다른 사람의 권리를 인정한다.
- 앞으로 어떻게 해야 할지를 안다.

- 받아들일 것과 받아들이지 않을 것에 대해 권리를 주장하고, 참을 수 있는 한계를 설정한다.
- 협상하고 타협해야 할 때와 입장을 분명하게 주장할 때를 안다.
- 해결책을 찾을 준비가 되어 있다.
- 기분과 욕구를 드러낸 후의 결과를 감수할 준비가 되어 있다.
- 결과에 대해 남을 비방하지 않고 자신이 책임을 진다.

● 자신의 기분 알아차리기

"사람들은 당신이 한 일은 내쳐도 감정은 내치지 않는다."

－ 셰런 앤서니 바우어

적극적인 방법으로 상황을 대처해 나가는 첫 번째 단계는 자신의 기분이 어떤지를 알아차리는 것이다. 누군가에게 일을 부탁할 때, 누군가의 행동에 맞설 때, "아니요"라고 말하고 싶을 때 "아니요"라고 말하는 것, 이 모든 것은 감정과 깊은 관련이 있다.

그 상황을 스스로 어떻게 느끼는지 인식하라. 짜증 나고 화나는 가? 상처를 받았는가? 걱정되고 실망스럽고 질투가 나는가? 당신의 기분과 감정이 당신이 누구인가를 나타내지는 않는다. 단지 당신 자신에게 쓰는 내면의 편지와 같아서 자신의 동기와 행동을 이해할 수 있을 뿐이다.

일단 자신이 느끼는 감정과 기분이 어떤 것인지 더 잘 알게 되면 이 기분을 다른 사람에게 알릴지 말지를 결정할 수 있다. 그렇다고 이 말이 당신의 감정을 다른 사람에게 '다 쏟아 내라'는 의미는 아니다. 자신의 감정을 다른 사람에게 알려야겠다는 판단이 서면 먼저 "당신 때문에 나는 … 느낀다."가 아니라 "나는 … 느낀다."라고 말하라. 예를 들어, "너 때문에 나는 화났어."라고 하면 다른 사람을 탓하는 것이 된다. 그러나 "나는 화났어."라고 말하면 그렇게 느낀 데 대해 자신이 책임을 지는 것이다.

어떤 상황에 대해 자신이 느끼고 생각하는 바를 인식하면 좀 더 적극적이 될 수 있다. 어떻게 그럴 수 있을까? 바로 당신이 원하는 것과 원치 않는 것을 명확히 구분할 수 있기 때문이다. 당신의 친구가 이번 주말에 자기 아이 셋을 봐 달라고 부탁한다고 상상해 보자. 당신은 어떤 기분이 들까? 정말 싫을 것이다. 하지만 당신은 "안 돼."라고 대답하는 대신 "응, 물론이지. 토요일에 내가 애들을 봐 줄게."라고 말한다.

그 즉시 느낀 끔찍한 기분대로라면 당연히 "안 돼."라고 말해야 할 것이다. 하지만 당신은 자신의 기분을 무시하고 친구의 아이들을 돌봐 주려고 한다.

"친구의 아이들을 돌보는 일은 생각만 해도 끔찍해." 당신이 친구에게 이렇게 이야기해야 한다는 것이 절대 아니다. 여기서 중요한 것

┌─ **감정을 자기 식대로 표현하기** ─────────────────────┐

 사람은 자신의 감정에 대한 권리가 있다. 감정을 다른 말로 바꿔서 자기
식대로 표현하면 자신이 느끼는 감정이 올바른지를 알아내기에 아주 좋다.
 아래에 있는 나머지 네 문장을 어떻게 표현하겠는가?

당신 때문에 화가 났어요.   나는 화가 났어요.

당신은 정직하지 않아요.   나는 속았어요.

당신 때문에 너무나 속상해요.   나는 _____

당신은 나한테 거짓말을 했어요.   나는 _____

당신은 나한테 무례해요.   나는 _____

당신은 나를 무시했어요.   나는 _____

└──┘

은 자신의 기분과 상황에 억눌리지 말고 자신의 감정을 잘 파악한 후
이성적으로 반응해야 한다는 사실이다. 자신의 감정에 귀를 기울이
고 그것을 인식하자.

● 직접적으로 분명하게 말하기

 자신의 기분이 어떤지를 생각했다면, 그다음으로 자신이 원하거
나 원치 않는 바를 정확하게 인식하고 그것을 직접적으로 말한다.

 '직접적으로 말하기'는 똑바로 말하는 전략이다. 원하는 것이나
거절하고 싶은 것이 있을 때 요점을 똑바로 이야기해야 한다.

아래의 사람들이 원하거나 원치 않는 것이 무엇인지 생각해 보라.

엄마 : "정말 너 때문에 자주 화가 나. 엄마가 너에게 집안일을 부탁할 때마다 너는 숙제 때문에 못한다고 하잖니? 매일 엄마만 일하잖아."

테오 : "누가 담배 피웠냐? 얼른 문 좀 열어. 어휴, 냄새 때문에 죽겠네. 밖으로 나가. 담배 끊은 줄 알았더니…."

알리 : "어, 나 이 DVD 지난주에 여기서 샀는데 작동이 안 되네. 뭐가 문제인지 모르겠어. 우리 애들이 이 영화 엄청 보고 싶어 했는데 정말 속상해하겠네."

사라 : "문제는, 내가 내일 몇 시에 일이 끝날지 모르겠다는 거지. 미안해. 그런데 그 영화 제목이 뭐라고 그랬니? 어, 글쎄… 나는 로맨틱 코미디 영화는 싫어하지만 〈프렌즈〉에 나왔던 제니퍼 애니스턴은 좋아해. 그런데 영화 끝나고 한잔하면 너무 피곤할 거야. 영화가 늦게 끝날까?"

▶ 엄마가 원하는 것은 무엇인가?
 (a) 아들이 집안일을 돕는 것
 (b) 아들의 숙제가 줄어드는 것
 (c) 아들이 숙제를 핑계 삼지 않는 것

▶ 테오가 원하는 것은 무엇인가?
 (a) 창문이 열려 있는 것
 (b) 다른 사람이 담배를 피우지 않는 것
 (c) (a), (b) 둘 다

▶ 알리가 원하는 것은 무엇인가?
 (a) 돈을 돌려받는 것
 (b) DVD를 바꿔 주는 것
 (c) 가게 주인이 알아서 결정해 주는 것

▶ 사라가 원치 않는 것은 무엇인가?
 (a) 아무 영화나 보는 것

(b) 영화 〈프렌즈〉를 보는 것

(c) 밤늦게까지 밖에서 노는 것

위의 사람들이 무엇을 원하는지 전부 확실히 모르겠는가? 당연한 일이다. 위의 사람들은 모두 자신이 원하는 바를 분명하게 이야기하지 않았다. 이 말은 곧 원하는 바를 분명하게 이야기하면 당신이 부탁하는 것이 무엇인지 다른 사람이 이해하기가 훨씬 더 쉬워진다는 뜻이다.

엄마 : "나는 네가 설거지를 해 줬으면 좋겠다."

테오 : "밖에서 담배를 피우면 좋겠어."

알리 : "돈으로 돌려받고 싶습니다."

사라 : "고마워. 하지만 나는 그 영화를 보기 싫어."

분명하게 직접적으로 이야기했을 때의 좋은 점은 다음과 같다.

• 시간이 절약된다.

• 당신이 원하는 것을 다른 사람들이 추측하지 않아도 된다.

• 오해가 생기지 않는다.

• 타협의 여지가 생긴다.

• 윈윈 해결책이 생긴다.

원하는 것이나 하기 싫은 것이 있을 때 얼마나 자주 돌려 말하는가? 암시하거나 변명할 때 혹은 빈정대거나 화를 낼 때 당신이 정말 하고 싶은 말이 가려진다. 자신이 원하는 바를 누군가가 확실히 알기를 바란다면 반드시 분명하게 직접적으로 말해야 한다.

● 여유 갖기

자신이 느끼고 원하는 것이 확실하지 않다면 어떻게 해야 할까? 고민할 필요 없이 지금 자신이 어떤 기분인지 확실하지 않다고 이야기하면 된다. 그리고 그것에 대해서 생각할 시간을 가지면 된다.

미국 TV나 영화를 보면 이런 말이 자주 나온다. "나중에 이 문제를 다시 상의해도 될까요?Can I get back to you on that?" 물론 이렇게 말하기는 쉽지 않을 것이다. 하지만 이 말의 목적은 자신의 기분과 요구를 분명히 파악하는 데 있다. "확신이 안 서니까 나중에 다시 이야기해도 될까요?"라고 말한다고 문제 될 것은 없다. 그런데 만일 상대방이 지금 당장 대답을 듣고 싶어 한다면(즉각적인 답을 들으려는 이유가 있을 수도 있다), 다른 누군가에게 물어봐야 한다고 침착하게 말하라.

그 밖에 대화가 너무 과열되었을 경우에도 시간을 달라고 부탁할 수 있을 것이다. 이럴 때는 상대방한테 문제가 있어서가 아니라는 점을 강조하며 이해가 안 되니까, 피곤하니까, 생각할 시간이 필요하니까 나중에 다시 이야기를 나눠도 되겠느냐고 물어보면 된다.

일단 하고 싶거나 하기 싫은 것을 말했다면 성심을 다해 상대방의 반응에 귀를 기울여야 한다. 당신은 다른 사람이 하는 말에 자주 감정적으로 반응할 수도 있다. 또한 당신의 기대치와 추측 때문에 다른 사람이 한 말을 지나치게 왜곡해서 받아들일 수도 있다. 그러므로 당신은 대답하기 전에 상대방이 한 말을 당신이 어떻게 생각하는지를 먼저 명확히 해야 한다.

그렇다고 다른 사람이 말한 내용에 동의해야 한다는 것은 아니다. 상대방의 말을 확실히 이해하기만 하면 된다. 상대방의 말을 이해했는지는 그 사람이 한 말을 요약하고 상대방한테 맞는지 물어보면 된다. 이렇게 하면 당신이 상대방의 말을 정확히 이해했는지뿐만 아니라 상대방이 당신의 말을 이해했는지를 알 수 있다.

설거지해 달라는 엄마의 부탁에 제이미가 "지금은 숙제해야 해서 안 되겠어요."라고 반응하면 엄마는 쉽게 이해할 수 있을 것이다.

하지만 테오는 에비에게 명확한 대답을 듣지 못했다. 그러므로 상대방의 말을 주의 깊게 들어야 하며, 이해가 안 됐다면 이를 제대로 확인하는 것이 매우 중요하다.

테오 : "나는 네가 마당에 나가서 담배를 피웠으면 좋겠어."

에비 : "그만 좀 얘기할 수 없겠니? 계속 그 일 가지고 늘어지는 데

아주 지쳤어. 포기하는 게 쉽진 않겠지만 말이야.”

테오 : “그래 좋아. 그런데 네가 하려는 말이 뭔지 감이 안 와. 내가
　　　너한테 담배를 끊으라고 하는 게 아니잖아. 그냥 밖에 나가
　　　서 피우라는 말이야. 네 말은 마당에 나가서 담배를 피우지
　　　않겠다는 거니?”

　말하는 태도와 방식을 바꾸면 상대방의 반응도 달라진다. 상대방
도 당신이 주의 깊게 듣고 자신을 이해하려 한다는 사실을 감지하기
때문이다.

● 더 많은 정보 얻기

주의 깊게 들으려면 집중력과 의지가 있어야 한다. 또한 상대방이
한 이야기를 정확하게 파악할 뿐만 아니라 좀 더 많은 정보를 얻어야
한다.

엄마 : “숙제 언제까지 내야 하니?”

제이미 : “이번 주말까지요.”

엄마 : “좋아. 그러면 지금 설거지를 하고 숙제는 그다음에 하려
　　　무나.”

부탁받는 사람이 당신 혼자라면 대답하기 전에 그 일이 어떤 것인지 정확히 이해해야 한다. 어쩌면 생각했던 것보다 시간이 훨씬 더 많이 걸리지만 힘든 일이 아닐 수도 있다.

● 다른 사람의 권리 인정하기—타협하거나 협상하기

자신이 원하는 것을 말하고 상대방의 반응을 인식한다고 해서 당신이 원하는 바를 얻을 수 있다는 보장은 없다. 만일 상대방이 당신의 부탁을 거절한다면 보통은 없었던 일로 하거나 말싸움을 하거나 그에게 삐칠 것이다. 하지만 이렇게 하지 말라! 그러는 대신 상대방의 생각을 들어 보고 타협을 하거나 협상을 해 보자. 예를 들면 다음과 같다.

엄마 : "제이미, 설거지 좀 해 줄래?"

제이미 : "지금은 안 돼요. 숙제해야 돼요."

엄마 : "숙제 언제까지 해야 하는데?"

제이미 : "이번 주말까지요."

엄마 : "이번 주말? 그러면 지금 설거지하고 숙제는 이따가 하려무나."

제이미 : "안 돼요. 저 오늘 밤에 친구 만나기로 했어요. 밖에 나가기 전에 숙제를 다 끝내려고요."

엄마는 아들이 집안일을 도와주기 싫어서 숙제를 변명거리로 삼는다고 생각할 것이다. 하지만 당장 해야 할 숙제가 있다는 아들의 말이 정말일 수도 있다. 진실이 무엇이든 간에 엄마는 아들에게 거절할 권리가 있다는 것을 생각해야 한다.

엄마 : "어쨌든 네가 설거지를 하고 나서 친구를 만나러 갔으면 좋겠어."

적극적이라고 해서 항상 자기 뜻대로 하는 것은 아니다. 상대방의 반응이 원하던 방향이 아닐 수도 있으므로 이에 대비해야 한다.

알리 : "환불받고 싶어요."

가게 주인 : "미안하지만 저는 어제 가게에 나오지 않았습니다. 그리고 저희는 환불은 해 드리지 않습니다."

사라 : "초대해 줘서 고맙지만 너무 피곤해서 영화 보기 힘들 것 같아."

리즈 : "어머! 나는 밤에 외출해 본 적이 없어. 오늘 밤에 애들 아빠가 애들을 봐 준다고 했으니까 어디든 가고 싶어."

자신과 상대방을 똑같이 존중하기 위해 적극적으로 행동하는 것이 목표임을 기억해야 한다. 그러니 다른 사람을 당신의 목표에 맞추려고 하지 말라. 우리는 다른 사람을 컨트롤할 수 없다. 그 사람은 바뀔 수도 있고 바뀌지 않을 수도 있다.

앞에서처럼 엄마가 아들에게 설거지를 하라고 했을 때 아들이 "안 돼요. 저는 숙제를 하고 있어요."라고 대답할 수도 있다. 그러면 그 말에 엄마는 다음과 같이 말할 것이다.

"그래? 그럼 엄마가 설거지해야겠네." 혹은

"집안일을 거들어 주지 않으려고 숙제 있다고 말하는 거 이제 지긋지긋하다."

하지만 이렇게 포기를 하거나 감정적으로 대하지 말라! 그러지 않으려면 상대방에게 대안을 제시하는 것이 좋다.

"그래? 그러면 몇 시쯤에 설거지해 줄 수 있겠니?"

이런 식으로 반응하면 합리적일 뿐만 아니라 두 사람 모두에게 최선의 결과가 될 수 있다. 자신의 태도와 말하는 방식을 이치에 맞게 바꾸면 상대방이 다르게 반응할 것이다.

● 타협하기

다행히도 "예"와 "아니요"를 동시에 할 수 있는 방법이 있다. 부탁을 거절하면서 자신과 상대방 모두에게 적합하고 도움이 되는 대안을 제시하는 것이다.

엄마 : "그래. 오늘은 엄마가 설거지할게. 대신 내일은 네가 하려무나."

사라 : "당연히 영화 보러 가야지. 그런데 영화 본 뒤에 다른 데 가기는 어려울 거야."

● 한계와 범위를 설정하여 입장을 분명히 하기

만일 다른 사람과 타협하거나 협상하기로 했다면 최대한 자신을 굽혀라. 하지만 자신의 요구를 포기하면서까지 굽혀서는 안 된다. 일단 한계에 도달하면 시간이 더 걸리는 새로운 문제가 생기기 전에 타협을 그만두어야 한다.

한계를 정하는 것은 적극적인 사람이 되는 데 매우 중요하다. 한계는 다른 사람이 당신을 대하는 정도의 범위를 정해 놓는 것이다. 당신이 생각하는 가치와 권리에 기초해 다른 사람이 당신을 대하는 최대 · 최저 수준이 어느 정도인지 범위를 정해야 한다. 범위와 한계를 정해 놓으면 자신을 존중하고 보호하는 데 도움이 된다.

만약 어느 정도로 한계를 설정해야 할지 혹은 범위를 너무 낮게 정했는지 확실하지 않다면 다른 사람에게 조종당하거나 이용당하기 쉽다. 또한 자신에게 선택의 권리가 있음을 인정하고 받아들여야 긍정적인 한계를 설정할 수 있다.

한계를 분명히 정하고 이를 유지해 나가면 어떤 상황에서든 자신이 원하는 바와 원치 않는 바를 선택하는 데 많은 도움이 된다. 즉, 자신이 원하는 것에는 "예" 혹은 일부 긍정의 말을 하고, 정해 놓은 한계를 침범하려는 사람에게는 "아니요"라고 답하면 된다. 이제 선택은 당신의 몫이다.

자신이 원하는 바를 확실히 정하고 포기하지 않으려는 때가 있을 것이다. 이때에는 설령 타협하고 협상할 준비가 되어 있지 않더라도 자신의 권리를 주장하고 한계를 유지하고자 할 것이다.

이렇게 하면 분명히 상대는 당신이 고집 세거나 교묘하다고 생각할 것이다. 하지만 당신은 적극적으로 한계를 설정했다면 그 결과에 대해서도 책임을 져야 한다. 이 말은 그다음에 일어날 일에 대한 준비가 되어 있어야 한다는 뜻이다.

┌─ 반응을 수용하되 원하는 바를 분명히 밝히기 ┐

상대방의 말을 명확하게 이해했을 뿐만 아니라 자신의 의지도 굳다는 것을 상대방에게 분명하게 밝힘으로써 상대방의 행동에 침착하게 반응하자.

엄마 : "너는 숙제를 해야 할지 모르지만 엄마는 네가 설거지를 해 줬으면 좋겠어."

알리 : "다른 사람은 문제가 없었는지 모르겠지만 저는 환불을 받아야겠어요."

테오 : "밖이 추울지도 모르지만 집 안에서 담배 피우면 안 돼."

사라 : "나도 네가 실망했다는 건 알지만 오늘은 너무 피곤해서 밤에 영화 보러 가기가 힘들어."

1955년 앨라배마에서 로사 파크스는 버스를 탔다. 그녀는 백인 전용 자리에 앉았고, 이 일로 체포되어 벌금형을 받았다. 그 후로 수년이 지난 뒤 한 인터뷰에서 로사는 그 사건에 대해 설명했다. 사실 일부러 계획한 일은 아니었지만 그 일이 일어났을 때, 그녀는 자신의 권리를 위해 싸우고 그 결과에 대한 책임을 지기로 마음먹었다고 한다.

용감한 일을 했습니다만, 당시에 두렵지는 않았습니까?

아니요. 전혀 두렵지 않았습니다. 그런 식으로 차별당한다는 것을 알리려는 분명한 의지가 있었습니다. 걱정되는 것이 있었다면 집에도 못 가고 일도 못하진 않을까 하는 것이었어요. 나는 그 일을 당했을 때 현실에 맞섰습니다. 사실 체포된다는 것은 상당히 힘든 일이었습니다. 앞으로 어떤 일이 일어날지 알 수 없었기 때문이지요. 그렇다고 특별히 무서웠던 것은 아닙니다. 두렵다기보다는 화가 났습니다.

자리에서 일어나지 않았을 때 그 일로 감옥에 가리라는 것을 알았습니까?

운전사가 나를 체포할 것이라고 했을 때 감옥에 갈지도 모른다고 짐작은 했습니다. 감옥에 간다는 사실이 별로 달갑지는 않았지요. 하지만 그런 분리 정책 때문에 흑인들이 너무나 오랫동안 고통 받은 사실을 알려야 한다고 생각했습니다.

운전사가 자리에서 일어나라고 했을 때 어떤 기분이 들었습니까?

그 자리에 앉지 못하니 일어나라는 말을 들었을 때 상당히 기분이 안 좋았어요. 나는 그 자리에 앉을 권리가 있다고 느꼈어요. 그래서 운전사에게 일어나지 않을 거라고 이야기했지요. 운전사가 나를 체포하리라는 것을 알았습니다. 하지만 나는 흑인이 한 개인으로서, 한 인종으로서 부당하게 취급받고 있다는 것을 운전사에게 알리고 싶었습니다.

그날 난생처음으로 버스 앞 좌석에 앉은 기분이 어땠습니까?

버스에서 법적으로 분리당하는 차별이 끝났다는 것이 기뻤습니다. 그건 정말로 특별한 일이었어요. 하지만 보이콧이 끝나고 더 이상 버스에서 차별받지 않아도 되었을 때는 처음 버스에서 부당한 대우를 받고 저항했을 때보다 훨씬 더 기뻤습니다.

http://teacher.scholastic.com/ROSA/interview.htm

물론 자신의 권리를 위해 항거한다고 체포당할 일은 별로 없을 것이다. 하지만 로사의 이야기에서 우리는 한계를 설정하고 그 결과에 대한 책임을 질 때 얼마나 긍정적인 변화가 일어나는지를 배울 수 있다.

● 결론과 해결책

한계와 범위를 설정해 놓으면 상대방이 협력하지 않을 때 어떻게 해야 할지 결정하는 데 도움이 된다. 한계와 범위를 정한다고 해서 꼭 처벌에 대한 위협이나 경고를 해야 하는 것은 아니다. 위협은 감정만 상하게 하고 논쟁을 가열시킨다.

결국 해결책을 갖고 있으라는 말이다. 문제에 대한 구체적인 해답말이다. 상대방이 협조하지 않을 때 이 해결책으로 어떻게 할지를 정하기 때문에 당신은 상황을 조정하게 될 수밖에 없다. 예를 들어, 엄마가 제이미한테 "밖에 나가기 전에 설거지를 안 하면 차로 데려다주지 않을 거야."라고 말하거나, 자꾸 영화를 보러 가자는 리즈에게 사라가 "자꾸 말싸움만 나니까 이제 그 얘기는 그만할래?"라고 말하는 경우다. 이때 그런 말을 함으로써 문제가 해결되리라고 생각할 수 있다.

해결책과 결론은 위협이나 벌과는 다르다. 위협은 앞으로 안 좋은 일이 생길 것이라는 경고다. 벌은 상대방이 당신에게 '저지른' 일을 되갚으려고 하는 '보복'이다. 하지만 해결책은 어떤 상황에 대한 구체적인 해답이며 결론은 필연적인 결과다. 다시 말해 해결책과 결론은 다른 사람의 행동에 따른 결과다. 예를 들어, 주차 위반 벌금은 당신이 잘못해서 받는 벌이 아니다. 이는 (지자체에서) 시내의 주차 문제를 해결하기 위한 해결책이고, 당신이 선택과 결정을 제대로 하지 못해서 발생한 결과다.

엄마가 제이미에게 결론을 제시한 이유는 제이미가 선택하고 반응하지 않아서 발생한 결과다. (벌이긴 하지만 비합리적으로) 휴대전화를 일주일 동안 빼앗는 대신, 아들을 차로 파티에 데려다 주지 않는 해결책을 쓴 것이다. 이렇게 결론을 제시함으로써 엄마는 설거지하는 데 드는 시간을 아낄 수도 있다.

상대방의 행동에 자동적으로 반응하기보다는, 설령 "어떻게 반응할지 천천히 생각해 볼게."라고 말하는 것과 똑같은 의미가 될지라도 천천히 시간을 들여 해결책과 결론을 생각하라. 여기서 가장 중점적으로 생각해야 할 것은 바로 "내가 얻고자 하는 바는 무엇인가? 벌인가, 해결책인가?"이다.

● 결과에 책임지기–남을 비판하지 않기

자신의 입장을 분명히 하고 한계를 정해 놓았을 때 일어날 수 있는 결과는 다양하다. 상대방이 협조할 수도 있고, 화를 내거나 삐치거나 분노하거나 혹은 눈물을 흘리면서 협조하지 않을 수도 있다. 또한 당신에게 말을 걸지 않거나 다른 사람에게 당신 험담을 해댈 수도 있다. 그래서 상대방의 반응에 따라 당신은 기쁘거나 그렇지 않을 수도 있다. 하지만 당신은 입장을 분명히 했을 때 발생하는 결과를 받아들여야 한다.

원하는 것을 얻지 못했을 때 얼마나 자주 남을 비판하는가? "그 사람은 너무 비합리적이야." "다 그 사람 탓이야." "걔 때문에 내가 이렇게 됐어." 이제 이런 말은 그만하라! 원하는 것을 얻지 못했다고 남을 비판하지 말자.

목표는 다른 사람을 바꾸는 것이 아니라 자기 자신이 적극적인 사람이 되는 것이다. 다른 사람이 바뀌든 안 바뀌든 그것은 당신의 능력 밖의 일이다. 다른 사람을 비판한다고 해서 당신이 결과를 바꿀 수 있는 것은 아니다. 오히려 그 반대다. 당신은 상황을 주도하지 못하게 되고, 상대방은 화가 나서 당신에게 보복을 가할 수도 있다.

물론 결과에 개의치 않는다면 괜찮다. 하지만 외부적 요소 때문에 원하는 대로 일이 되지 않았다고 비판하려 한다면 시간과 힘만 낭비하게 된다. 그럴 바에야 차라리 좀 더 긍정적인 결과가 나타날 법한

데에 그 시간과 힘을 쓰는 편이 낫다.

모든 행동과 결정에는 책임이 따른다는 사실을 받아들인다면, 결과를 결정짓는 사람이 바로 자기 자신이라는 사실을 깨닫게 될 것이다. 가령, 알리가 다른 DVD로 바꾸거나 환불받지 않겠다고 결심한다면 끝까지 자신의 입장을 고집하지 않고 그냥 집으로 돌아가려 할 수도 있다. 이때 알리는 비협조적인 가게 주인을 비판하는 대신 그 일로 스트레스를 받지 않으려고 할 뿐이다. "사실 이 상황을 움직이는 사람은 바로 나라고 느꼈다. 왜냐하면 나는 손해를 보더라도 화를 내지 않기로 결정했기 때문이다. 나는 그 상황을 그냥 참아 넘겼다."

어떤 일에서 손을 떼려 할 때 자신이 연약하고 무력하기 때문이라고 생각할 수 있다. 혹은 같이 일하던 사람이 더 이상 존중할 가치가 없기 때문이라고 생각할 수도 있다. 하지만 이와 상관없이 단순히 그 상황을 그냥 넘어가겠다고 결심해도 자존감과 안정감, 용기를 드러내 보인 것이다.

일단 상대방에게 한 행동에 책임을 지려 한다면 인생의 어려움에 대한 해결책을 좀 더 빨리 발견할 수 있을 것이다.

● 책임을 지지 않을 때의 결과

당신이 한 행동에 대해 스스로 책임을 지지 않을 때는 상대방을 비난하며 자신의 감정을 참지 않거나 상대방의 행동 때문에 자신이 피해를 봤다고 여기게 된다. 다른 사람이 비난받아 마땅하다고 생각한다면 그것은 자기 자신이 비판받을 소지가 없다는 말과 같다. 즉, 상대방이 잘못했을 뿐 나는 아무런 잘못도 없다는 것으로, 이와 같은 태도로 인해 자신의 잘못을 축소하게 된다. 또한 이런 사람은 자신의 욕구와 감정만을 과도하게 앞세우기 때문에 다른 사람에 대한 기대치가 비현실적이며, 참을성이 없어지고 요구가 많아진다. 이런 태도로는 상대방의 협조를 얻기가 더욱 어려워진다. 그리고 자연히 인간관계가 나빠져서 머지않아 주위에 남는 사람이 별로 없을 것이다.

한편으로 당신이 한 반응에 책임을 지지 않음으로써 (혹은 행동을 하지 않음으로써) 소극적으로 행동할 수도 있다. 이런 경우에는 자신이 상대방의 변덕과 요구에 좌우되어 희생자가 되었다고 여기게 된다.

자, 어떤 일에 대해 진정으로 책임을 진 적이 있었는지 가만히 생각해 보라. 책임지는 것이 어려운가? 그렇다 하더라도 일단 책임을 지고 결과에 대처하는 습관을 들여야 한다. 그래야만 적극적이고 단호한 자세가 조금씩 생길 것이다.

● 죄의식을 느끼지 말라

자신의 행동에 대한 책임은 자신에게 있지만, 그렇다고 해서 다른 사람의 요구에 대해 책임을 질 필요는 없다. 자기 자신의 뜻을 상대에게 드러내지 못하고, 원하지 않으면서도 다른 사람에게 타협이나 요구를 요청하지 못할 수도 있다. 이는 당신이 남의 기분만 맞추는 사람이라는 징표다. 이런 식으로 남의 기분을 맞추는 사람은 자신이 하지 않은 일인데도 책임을 지려는 경향이 있다. 이런 사람은 다른 사람에게 분명한 선을 그으며 거절하는 데 죄의식을 느낀다. 누군가의 부탁에 "아니요"라고 말하지 못하고 "예"라고 말해야 할 것 같은 의무감이 드는 것이다. 하지만 이런 경우 해결하기 더 어려운 새로운 문제가 발생한다.

예를 들어, 리즈가 사라에게 "영화 보러 갈래?"라고 말했을 때 사라는 "아니."라고 말하고 싶었지만 "그래, 같이 영화 보러 가자."라고 대답했다. 그리고 이후 사라는 "그래."라고 말한 데 따르는 책임을 지는 대신 영화를 보러 가게 만든 리즈를 몰래 비난한다. 또한 사라는 일부러 약속 시간에 늦게 나타나고 영화를 보고서도 쓰레기 같은 영화라고 불평해 댄다. 만약 사라가 처음부터 "아니."라고 말했다면 이후에 일어날 일들을 피할 수 있었을 것이다.

어떤 일에 "예"라고 대답하는 것은 다른 일에 "아니요"라고 말하는 것과 같다. 사라의 경우 겉으로는 "그래."라고 말했지만 자신의 내면에서 피곤하다고 외치는 소리에 "아니."라고 답했다.

물론 "예"라고 말하는 것이 당시에는 가장 쉽고 신속한 방법 같아 보인다. 하지만 이내 그렇게 대답한 것을 후회할지도 모른다.

우리는 '스스로 책임져야 한다'는 것을 잘 알고 있어야 한다. 만일 다른 사람을 동정해서 그 사람의 요구를 들어주기로 했다면 자신의 한계를 침범당하지 않도록 하고, 당신 자신이 화나 좌절, 분노 같은 기분을 느끼지 않도록 해야 한다.

죄의식을 피하려고 다른 사람의 말을 순순히 듣는 것도 솔직한 태도라고 볼 수 없다. 죄의식이 무엇인지를 정확히 이해하는 것이 좋다. 죄의식은 자신이 잘못을 저질렀다는 느낌이다.

자신의 권리를 드러내고 상대방의 말을 따르지 않으려 할 때 자문을 해 보자. 이것이 잘못되었는가? 이 일로 상대방을 실망시키겠는가? 만일 다른 사람을 행복하게 해 주어야 할 책임을 느낀다면 죄의식을 느끼는 것이 이상한 일은 아니다. 하지만 요구를 들어주지 않아서 상대방이 실망했으리라고 여기는 것은 그 사람의 생각이 아니라 당신 생각일 뿐이다.

일단 상대방의 모든 요구를 들어줄 책임이 없다는 사실을 받아들이면 다른 사람의 기분을 맞추는 일을 그만두게 될 것이다. 또한 "아니요"라고 대답하는 데에 죄의식을 느끼지도 않을 것이다.

입장을 분명히 하고, 자신의 본능을 믿으며, 정중하게 남의 부탁을 거절하는 일이 쉽지만은 않다. 죄의식을 느끼지 않으면서 "아니요"라고 말할 수 있기까지는 연습과 용기가 필요하다. 하지만 어떤 일을 하기 싫을 때 "아니요"라고 말할 수 있다면 장기적으로 보았을 때 많은 문제에서 벗어날 수 있을 것이다.

'나는 이 일이 싫어'라는 기분을 깊이 되새기자. 만일 어떤 일을 억지로 하는 것에 화가 난다면 타협하거나 협상하면 된다. 아니면 솔직하게 "아니요"라고 말해도 된다. 자신의 영역을 보호할 책임은 바로 자기 자신에게 있는 것이다.

● 과한 변명이나 사과 대신 "아니요"라고 말하기

"'노no'"는 완전한 문장이다."

― 애니 라모트Annie Lamott

'미안하지만'이라는 말로 시작하되 사과는 딱 한 번만 하라. 상대방에게 어려움이 있을 수도 있지만(가령 극장에 같이 갈 사람이 아무도 없을 수도 있다), 영화관에 같이 가야 할 사람이 꼭 당신이어야 할 이유는 없다. 그냥 "미안한데 너무 피곤해."라고 말하면 된다.

사과는 한 번만 하면 되고, "안 돼."라고 말하게 된 진짜 이유 한 가지만 밝히면 된다. "영화관에 가고 싶긴 한데 너무 피곤해. 해야 할 일도 있고 몸도 별로 안 좋아. 그리고 남편이 제시간에 집에 와서 애를 봐 줄 수 있는지도 잘 모르겠어."라고 말하기보다 "오늘 밤에 영화 보러 못 가. 나 오늘 너무 피곤하거든."이라고 한다.

변명을 너무 많이 하면 말의 뜻과 가치가 떨어지고 믿기 어려워진다. 또한 상대방이 당신의 변명을 무시하게끔 만든다. 예를 들어, "걱정하지 마. 다 큰 우리 딸이 네 아이를 봐 줄 수 있을 거야. 네 일도 도와줄게. 그리고 영화를 보면 기분이 훨씬 좋아질 거야." 하고 당신의 변명을 무시해 버릴 수 있다.

왜 안 되는지에 대한 이유는 한 가지면 된다. 이때 다른 사람의 상황을 잘 인식하되 자신의 입장을 고수해야 한다는 것을 명심하라.

"넌 실망스럽겠지만 그래도 오늘 밤 영화 보는 건 너무 피곤해서 안 되겠어."

다른 사람과의 관계가 성공적인지를 판단하려면 당신이 얼마나 잘 행동했는가를 보면 된다. 비록 다른 사람이 바뀌지 않더라도 자신은 적극성의 원리에 따라 행동하면 된다.

간단명료하게 말하기

원하는 바를 말하는 법
- 기분이 어떤지, 원하는 것이 정확히 무엇인지 인식하기
- 원하는 것을 말하기
- 다른 사람의 반응에 귀 기울이고 그 반응을 인식하기
- 입장을 분명히 하고 원하는 것을 고수하기
- 협상하거나 타협하기

원치 않는 바를 말하는 법
- 자신의 기분을 알아차리기
- "아니요"라고 말하기
- 다른 사람의 반응에 귀 기울이고 그 반응을 인식하기
- 입장을 분명히 하고 주장하기
- 협상하거나 타협하기

하지만 적극성의 기술도 배우는 데는 시간이 걸리고, 어떤 사람도 항상 잘 해내지만은 않는다는 점을 기억하자. 그러니 적극적으로 대화하지 못할 때는 사과를 하는 것이 가장 좋다. 이렇게 하면 적어도 다음번에는 좀 더 대화를 잘 나눌 수 있을 것이다.

● 요약

▶ 자신의 기분을 인식하고 인정한다. "나는 … 느껴요."라고 말한다. "당신 때문에 나는 … 느껴요."라고 말하지 않는다.

▶ 원하는 것과 원치 않는 것이 정확히 무엇인지 분명히 드러내고 똑바로 말한다. 권리를 주장한다. 영역과 한계를 설정하고 입장을 분명히 할 때를 안다. 한계를 인식하고 설정하면 어떤 상황에서도 원하는 바와 원치 않는 바를 선택할 수 있다.

▶ 다른 사람의 견해와 권리를 귀담아듣고 이를 열린 자세로 받아들인다. 무시하고 조롱하는 말에 저항한다. 다른 사람의 견해를 인식하고 그 사람과 타협하거나 협상한다. 해결책과 대안에 초점을 맞춘다.

▶ 자신의 기분과 요구를 전달한 뒤 발생할 결과를 감수한다. 그 결과를 가지고 남을 비판하지 않는다.

▶ 죄의식을 갖지 않는다. 원하거나 원하지 않는 것을 말할 때 변명이나 사과를 너무 많이 하지 않는다.

Chapter 4

타인의 기대와 요구에 대처하는 법

"비판에 개의치 말라. 그것이 사실이 아니라면
무시하고, 부당하더라도 화를 내지 말라.
상대할 가치조차 없으면 웃어넘겨라. 비판받을 만하다면
그것은 비판이 아니므로 이를 통해 배워라."

– 마크 트웨인Mark Twain

How to be
Assertive
in any situation

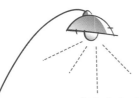

건설적인 비판을 한다는 것은 상대방 그리고
그 사람과의 관계를 소중히 여긴다는 뜻이다.

어느 날 아침 사무실에서 일을 하다가 이런 메시지를 받았다고 가정해 보자.

"김 부장님이 오후 2시에 회의실에서 보자고 하십니다."

김 부장이 상사라면 당신은 어떤 생각이 들겠는가? 메시지를 받자마자 '내가 뭘 잘못했나?'라는 생각이 들겠는가? 아니면 '나를 승진시켜 주려는 건가?'라는 생각이 들겠는가? 이도 아니면, '김 부장님이 무슨 말을 하려고 부르는 건지 궁금한걸?'이라는 생각이 들겠는가?

우리가 가르치는 수업에서 이를 실험해 보았다. 그 결과 대부분의 학생이 즉각적으로 '아, 내가 뭔가를 잘못했나?' 하고 생각했다. 단한 여학생만 그 말 자체를 듣기 싫다고 했다.

그다음에 생각해 볼 것은 김 부장과 만나기로 약속된 시간이 세 시간 남았을 때 그동안 무엇을 할 것인가이다. 최근에 실수한 일이 있었는지 이것저것 떠올리면서 일에 집중하지 못하겠는가? 변명거리(최근에 상을 당한 일, 아팠던 일, 이사나 결별)를 준비하겠는가? 아니면 이 일로 마음이 심란하여 직장 동료에게 오늘 김 부장의 기분이 어떤지, 무슨 일로 부르는지 아냐고 물어보겠는가? 이 일에 신경이 쓰여 점심을 제대로 먹지 못하거나 아예 점심을 거르든지, 혹은 마음의 위안을 얻으려고 단것을 먹겠는가?

위에 언급된 것 중 어떤 것(혹은 전부)을 한다 하더라도 비단 당신만 그러는 것은 아니다. 물론 비판을 받아들인다는 것은 대부분의 사람들에게 어려운 일이다. 하지만 그것이 적극성의 한 면이라는 사실은 분명하다. 위의 예에서 기억할 것은 비판받기가 두려워서 걱정한다는 사실이다. 정작 김 부장이 무슨 말을 할지는 아직 들어 보지도 못했는데 말이다.

● 왜 이렇게 반응하는가

자신의 인생을 되돌아보면 비판을 받았던 적이 분명히 있을 것이다. 특히 어린 시절에는 매일 야단을 맞는다. 보통 형제자매 간에 서로 싸우거나 부모님이 시킨 일을 안 해서 혼이 난다. 또 물건을 망가뜨리거나 집 안을 어지럽혀서, 밥을 안 먹거나 깨끗이 먹지 않아서,

혹은 장난감을 형제자매와 함께 가지고 놀지 않아서 혼이 난다. 이렇게 매사에 야단을 맞는 일이 다반사였다.

학교에서도 선생님에게 "이건 별로인데…" 혹은 "(좀 더 열심히 했으면) 이보다는 잘할 수 있었을 텐데…"라는 말을 들었을 것이다. 이처럼 많은 사람들은 학교에서 야단맞거나 비판받은 일을 (그것이 부당했다면 더욱) 떠올릴 수 있을 것이다. 어떤 선생님은 교실에서 질서를 유지하려면 학생을 꾸짖어야 한다고 생각한다. 이렇게 비판받은 적이 있을 때 학생들은 종종 어른들 앞에서 적극적으로 말하고 행동하기가 얼마나 어려운지를 하소연한다. 자신을 방어하려고 하면 이내 "어디 어른 앞에서 말대꾸니?"라는 말이 돌아오기 때문이다.

선생님이 생활 기록부에 뭐라고 쓸지 두려웠는가? 누구에게나 쓰는 짧은 문구에서 칭찬을 발견하려고 했는가? 선생님이 부모님과 상담하면서 자신의 성적이나 행동이 어떤지를 말할까 봐 걱정이 되었는가? 부모님 자신이 들었던 비판과 같은 말을 계속 반복하면서 당신을 꾸짖지 않았는가? 다른 친구들과 함께 있을 때보다 혼자일 때 더 야단맞지 않았는가?

이런 일뿐만 아니라 친구들 사이에서 괴롭힘을 당했을 수도 있다. 어린 시절에 괴롭힘을 당한 사람은 커서도 비판에 매우 민감하게 반응하는 것을 어렵잖게 볼 수 있다. 어떤 아이들은 비판받는 일에 무디다. 대신 나쁜 행동이 시선을 끄는 확실한 방법임을 안다. 하지만 이런 아이들을 제외한 대부분의 아이들은 자신이 존경하는 사람을 기쁘게 하고 그 사람으로부터 인정을 받으려고 필사적으로 노력한다.

● 학교에서의 괴롭힘

괴롭힘의 약 80퍼센트는 별명 부르기, 놀리기, 잘못 들춰내기, 욕설이다. 이러한 언어 폭력은 고등학교에 들어가면서 최고조에 이르며 보통 동성 친구와 동갑내기 사이에서 이루어진다. 요즘에는 이 문제가 인터넷상에서 빈번히 일어난다. 과거에는 이 같은 언어 폭력이 집 안에서만 존재했지만 지금은 불쾌한 문자 메시지, 이메일, SMS 등 여러 영역으로 확대되었다.

어린 시절에 괴롭힘을 당한 적이 있다면 어른이 되었을 때 그 일에 대해 말하기 싫을 수 있다. 친구들에게 괴롭힘을 당했다는 것은 어린 아이에게 수치스러운 일이기 때문이다. 아이들은 이것이 마치 자신의 잘못인 양 죄의식을 느낀다. 그리고 괴롭힘을 당하는 것은 자신이 아무런 가치도 없기 때문이라고 여기므로 괴롭힘을 당한 사실 자체를 누구에게도 이야기하고 싶어 하지 않는다. 다른 사람이 자신을 위해 해 줄 수 있는 일도 없고 말해 봐야 상황만 더 악화될 뿐이라고 생각하기 때문이다.

서로 간에 예의를 갖춰 정중하게 행동해야 한다고 배운 아이는 공격적으로 행동하는 사람들 때문에 혼란에 빠질 수 있다. 자기 집에서는 문제가 생겼을 때 항상 조용하고 이성적인 대화로 해결했는데, 갑자기 나쁜 말로 고통을 주려는 사람을 대해야 하니 얼마나 당혹스럽겠는가?

괴롭힘을 당하는 사람들은 상대방이 자신을 못살게 구는 데는 그럴 만한 이유가 있다고 생각한다. 그래서 자신이 바뀌거나 행동을 개선하면 괴롭힘도 끝나리라 기대한다. 거식증인 사람들은 대부분 몸무게나 먹을 것과 관련해 상처 받은 적이 있다고 한다. 또한 성형수술을 받은 사람들은 대체로 코나 눈에 대해서 놀림을 받은 적이 있다고 한다. 학교 다닐 때 '눈 네 개'라는 말을 들은 사람은 커서 콘택트렌즈를 낀다.

만일 어렸을 때 괴롭힘을 당한 경험이 있다면 자존감에 상당한 타격을 받았을 것이다. 아이들이 놀려 대고 괴롭혀서 운동장에서 혼자운 적이 있다면 삶이 싫었을 수도 있고, 그런 자신의 과거를 덮어 버리려고 했을지도 모른다.

● 직장에서의 괴롭힘

"네 명 중 한 명은 직장에서 괴롭힘을 당하고, 그 결과 1년에 1,890만 일의 근무일을 손해 본다."

－www.andreaadamstrust.org

직장 혹은 가정에서 일어나는 괴롭힘은 학교에서의 괴롭힘과 매우 유사하다. 어른과 아이의 차이점은 어른이 아이보다 수치심과 죄의식의 정도가 훨씬 더 크다는 데 있다. 그 결과 괴롭힘을 당하는 사람은 침묵하게 되고, 자신이 직장 생활에 부적합하며 무능하다고 생각한다. 그리고 심지어는 자살 충동에 빠지기도 한다.

직장에서는 협박이라는 형태로 괴롭힘을 가한다. 예를 들어, 비현실적인 마감 날짜를 맞추라고 하면 그 일을 해내려고 늦게까지 일하거나, 끝내지 못하면 안 된다는 압박감에 시달려 집으로 일거리를 가져간다. 이외에도 다른 동료들 앞에서 비판을 하거나 항상 무엇을 하는지 감시하는 것도 또 다른 형태의 간교한 압박이다.

랭커스터 대학의 조직 심리와 건강학의 캐리 쿠퍼Cary Cooper 교수는 직장에서 괴롭힘을 당하는 사람 5,500명을 표본조사했다. 쿠퍼 교수는 「인디펜던트」(2010년 2월 23일)에 이렇게 기고했다. "폭력의 형태가 어떻든 간에 이는 개인의 자존감 및 자신감과 건강, 그리고 직장에서 효과적으로 업무를 할 수 있는 능력을 파괴한다. 우리 사회는 이러한 행동을 용납해서는 안 된다."

직장에서나 학교에서 괴롭힘을 가하는 사람이 있을 수 있다는 사실은 환경 자체가 공격적인 행동을 용인한다는 것과 같다. 학교나 직장에서 이 문제를 제대로 교육하지 않을뿐더러 오히려 서로 경쟁하는 분위기를 조장하기 때문이다. 이러한 공격적인 행동에 대해서 소홀히 다루는 것이다.

남을 괴롭히는 이유

어떤 아이들은 특정한 시기에 다른 아이들을 괴롭히기도 하지만 커 가면서 남을 괴롭히지 않게 된다. 하지만 어떤 아이들은 커서도 공격적인 행동을 해야 자신이 원하는 것을 얻을 수 있다고 느끼기도 한다.

그렇다고 폭력적인 아이가 끊임없이 남을 괴롭히는 것은 아니다. 이런 아이도 똑똑할 뿐만 아니라 재미있을 수 있다. 학교에서 폭력이 일어나는데도 선생님이 이를 제대로 알아차리지 못하는 이유는 그런 아이들이 꽤 괜찮고 똑똑하기 때문일 수도 있다.

흔히 괴롭힘을 당하는 사람들은 괴롭히는 사람이 자신의 내면을 들여다볼 뿐만 아니라 자신의 아킬레스건이 무엇인지를 정확히 안다고 생각하는 것 같다. 하지만 이들은 괴롭힘을 가하는 사람이 어떻게 해야만 상대방이 반응하는지를 아는 특출한 능력이 있다는 사실은 잘 모른다. 괴롭히는 사람은 누군가를 괴롭혔을 때 그가 수긍하고 웃어 버리면 자신의 방법이 먹히지 않았다고 여기고 괴롭힘의 방법을 바꾼다. 상대방의 반응을 민감하게 알 수 있는 능력은 다른 상황에서라면 아주 칭찬할 만하다. 하지만 다른 사람을 괴롭힐 때는 아니다. 상대방이 얼굴을 붉히거나 눈물을 글썽일 때, 혹은 여느 때와 다른 반응을 보일 때 괴롭히던 사람은 쾌재를 부른다. 남을 괴롭히는 것은 마술이 아니다. 고도로 다듬어진 감정의 기술을 사용하는 것이다.

남을 괴롭히는 이유는 결국 개인의 성격과 경험이 합쳐진 결과다. 필자는 교사로서, 폭력을 가하는 사람의 심리에 항상 관심이 많았다. 그들이 마음의 문을 열고 솔직하게 털어놓은 고백은 주로 자신도 집에서 형제나 부모님으로부터 폭력을 당한다는 것이었다. 단순히 남의 감정을 느끼지 못해서 괴롭히는 아이도 있다. 그들은 감정적인 면에서 성숙하지 못하고, 다른 사람과 어울려 사는 법을 배우지도 못했으며, 다른 사람의 감정을 이해하지도 못했다. 또 어떤 아이는 남을 괴롭혀야 원하는 것을 얻을 수 있다고 생각하기도 한다.

자신감이 없는 아이들은 종종 어딘가에 소속되려고 사력을 다하기 때문에 남을 괴롭히는 일에도 동참한다. 자신이 괴롭힘을 당하지 않기 위해서

다. 그들은 자신감이 부족한 것을 다른 방법으로 채우기 위해 괴롭히는 사람이 된다. 이렇게 줏대나 가치관 없이 행동하는 아이들은 다른 문제로 친구가 압력을 가하면 훨씬 더 쉽게 빠져든다. 담배나 술, 약물이 그런 경우다.

때로 폭력은 모방에서 나온다. 만일 아빠가 엄마를 폭행하는 모습을 보고 자랐다면 그 아이는 아빠의 행동을 모방하게 된다. 아빠가 역할 모델이 되기 때문이다. 만일 자신을 조롱하거나 비꼬는 교사를 만났다면 그 교사가 역할 모델이 된다. 또한 엄마가 항상 고함을 지르고 무시했다면 후에 자기 자녀에게도 그런 식으로 대하게 된다.

다른 사람을 괴롭히던 아이는 커서 직장에서도 똑같이 행동한다. 만일 자신이 괴롭히는 사람이 어떤 고통을 받고 있는지를 이해하지 못한다면 괴롭히는 일을 아주 자연스럽게 생각하고 정당화시킨다. 어떤 매니저는 경험이나 훈련을 받은 적이 없어서 아랫사람을 어떻게 다루어야 하는지 모른다. 하지만 실제로 어른이 폭력을 행사하는 이유는 종종 할 일이 너무 많거나(그 일을 해낼 수 없을 때), 공격적으로 남을 협박해서 자신이 원하는 것을 얻으려 하기 때문이다.

괴롭힘을 당하는 사람은 대개 자신이 당한 일을 고발하지 못한다. 오히려 자신이 무능해서 괴롭힘을 당하는 것이니 지금보다 일을 더 열심히 하거나, 괴롭힘을 당할 만한 행동을 바꿔서 남을 기쁘게 해야 한다고 생각한다. 아이들이 자신이 잘못해서 괴롭힘을 당한다고 생각하는 것처럼 대다수의 어른들도 자신이 그런 대우를 받는 것이 마땅하다고 여겨 수치심을 참기만 한다.

● 가정에서의 괴롭힘

폭력을 가하는 사람은 흔히 역기능 가정에서 생긴다. 릴레이트
(Relate : 영국의 자선 상담 단체로 부부, 가족, 청소년 등을 대상으로 성 문제
나 인간관계에 대한 상담을 해 준다. 1938년 영국에서 허버트 그레이Herbert
Gray가 국립 결혼 문제 상담소를 설립한 것이 1988년에 현재의 명칭으로 바뀌
었으며, 1989년 고 다이애나 비가 후원을 하면서 세상에 널리 알려지게 되었
다. 영국 내에 600여 개의 상담소가 있고 한 해에만 15만 명 이상의 사람들이
이곳을 찾는다고 한다._옮긴이)는 부부 관계에서 발생하는 폭력을 가정
폭력으로 분류하는데, 여성 네 명 가운데 한 명이 가정폭력으로 고통
을 받는다.

힘의 불균형이 심한 경우에 (경제적으로든 지위로든) 괴롭히기를 잘
하는 사람은 자신의 힘을 이용해 다른 사람을 괴롭힌다. 전형적인 폭
력은 다른 사람 앞에서 모욕을 주는 것이다. "물어보지 마. 이 사람은
말뜻을 이해도 못해."와 같이 말하는 경우다. 어떤 사람은 아예 무관
심하게 군다. 몇 날 며칠이고 삐쳐 있는 것 같은 사람과 함께 살아도
육체적인 폭력만큼이나 영혼이 심하게 파괴된다.

직장과 마찬가지로 가정에서도 계속 폭력이 이어지는 것은 그러한
행동이 용인되기 때문이다. 즉, 폭력에 대응하지 않고 용납한다는 것
은 상대방이 자신을 괴롭히는 것을 이해하며 자신이 상대방에게 더
나은 대접을 받을 자격이 없다는 메시지를 준다는 의미다. 다시 말하

지만, 폭력에 대해 침묵하고 누구에게도 말하지 않으면 상대방의 힘을 키워 주고 자신은 더 고립될 뿐이다. 이로 인해 폭력이 계속될 수 있다. 이러한 폭력은 서로를 존중하고 돕는 건강한 관계에서는 일어날 수가 없다.

● 괴롭힘과 비판의 차이점

괴롭힘과 비판의 차이점을 인식하고 이해하면 어떻게 반응해야 할지 알 수 있으므로 매우 유용하다. 비판은 다른 사람의 일과 성격의 장단점에 대해 판단을 내리는 것이다. 그런데 당신을 이런 식으로 판단할 수 있는 사람은 당신과 친밀한 관계가 형성되어 있거나 그 분야에서 전문성을 갖고 있는 사람이어야 한다. 즉, 부모와 자식 간, 친구 간, 배우자 간, 선생님과 학생 간, 상사와 동료 간에 정당한 비판을 할 수 있다.

'비판하다'라는 말은 인정하지 않는다는 뜻이다. 누군가가 당신을 비판하는 것은 보통 잘못이나 단점, 약점(주로 행동이나 일)을 지적하기 위함이다. 때때로 단순히 잔인해서 혹은 불안감 때문에 다른 사람을 비판하기도 한다. 그러나 이를 계속하지만 않는다면 괴로힘 또는 폭력이라고 부르지 않는다. 그렇다면 괴롭힘과 비판의 차이점은 무엇일까?

건설적인 비판은 당신이 발전하는 데 도움이 된다. 하지만 괴롭히는 사람의 목적은 항상 남에게 상처를 주고 수치스럽게 만드는 것이다. 상대방의 잘못을 지적해서 그 잘못을 고치도록 하는 것이 아니라, 오히려 상대방의 잘못을 부각시켜서 자신이 더 뛰어나다는 것을 보이고자 한다. 괴롭히는 사람을 기쁘게 하거나 달랠 만한 것은 아무것도 없다. 그렇게 하려고 해 봐야 괴롭히는 사람만 더 의기양양해져서 당신을 더 괴롭힐 것이다.

어른들의 사회에서 일어나는 흔한 폭력은 의도적으로 그리고 지속적으로 상처 주는 말을 하는 것이다. 따라서 어른들은 상대방이 한두 번 불친절한 말을 한다고 해서 언어 폭력이라고 하지는 않는다. 언어 폭력은 계속해서 오랜 시간에 걸쳐 일어나야 하기 때문이다. 언어 폭력은 주로 무정하면서 낙담시키는 말로 나타난다. 예를 들어, 누군가가 임신하지 않은 사람을 임신했다고 착각해서 "출산 예정일이 언제예요?"라고 물었다고 해 보자. 이때 질문을 받은 사람은 그 말에 스트레스를 받을 것이다. 하지만 질문한 사람은 상대방에게 스트레스를 주려고 그 말을 한 것이 아니다. 고의적이지도 않고 지속적이지도 않기 때문에 이를 폭력이라고 보기는 어렵다.

과거에 괴롭힘을 당한 적이 있는 사람은 비판에 대해 대부분 신경질적으로 반응한다. 그때 받았던 상처와 수치심을 절대 잊지 못하기 때문이다. 그래서 비판을 받을 것 같은 상황이 되면 즉시 화를 내고 적대적으로 반응하거나 미리 상처 받아 눈물을 흘린다.

과거에는 폭력을 당하는 것이 당사자의 수치스러운 비밀이었다.

그러나 다행히도 이제 폭력은 세상에 드러나게 되었다. 모든 학교와 대부분의 직장에서는 폭력과 관련된 정책에 힘쓰고 있으며, 영국에는 '영국 학대자 구조 핫라인National Bullying Helpline'이 설치되어 있다. 폭력을 당하고 있으면 이를 통해 호소할 수 있고 대응책 기대할 수 있게 되었다(수상을 포함한 모든 사람이 해당된다). (우리나라에서는 가정폭력 관련 상담소와 가정폭력 피해자 보호 시설의 경우 관련 법률 제5~7조 등에 근거해 가정폭력 피해 신고 및 상담 지원, 예방을 위한 홍보·교육, 피해자 보호 및 숙식 제공, 심리 안정, 사회 적응 치료를 지원하기 위해서 모두 19개소가 운영 중이다. 또한 학교 폭력을 방지하기 위해서 25개 지역 교육청에 구축된 '학생 생활·인권 지원 센터'는 24시간 고충 상담을 실시하는데, 위기 지원, 상담 및 치료, 인성·인권 교육, 대안·특별 교육, 폭력·사안 예방 등 5개 지원단을 운영하며 학교 현장을 상시 지원한다._옮긴이)

● 김 부장의 사례

"김 부장님이 오후 2시에 회의실에서 보자고 하십니다."

그래서 당신은 세 시간을 어찌어찌 보낸 다음 회의실에 갔다. 김 부장은 당신에게 자리에 앉으라고 한다. 당신은 최대한 편한 자세를 취하면서 김 부장에게 미소를 짓는다. 그러다 김 부장의 컴퓨터 화면에 당신의 보고서가 떠 있는 것을 목격한다.

"우리가 함께한 지 얼마나 됐지?"

"한 3년쯤 된 것 같습니다."

"내가 자네에게 업무와 시간 엄수에 대해 몇 번이나 말했지?"

"한두 번 정도 됩니다."

"내 생각에는 그보다 더 많았던 것 같은데…. 자네의 업무 처리 솜씨가 썩 좋지만은 않아. 종종 늦게 출근하고 일할 때도 부주의하고 말이지. 자네 생각은 어떤가?"

자, 이제 당신은 어떻게 반응하겠는가? 뭐라고 말하겠는가? 침착하고 적극적으로 말할 수 있겠는가, 아니면 화가 나겠는가? 아마도 당신은 눈물을 왈칵 쏟거나, 변명을 하거나, 그 방에서 뛰쳐나오고 싶을 것이다. 대안을 살펴보자.

공격적인 반응

"어떻게 감히 저한테 이렇게 말씀하십니까? 지금 보고 계신 그 보고서는 아무 문제가 없습니다. 몇 시간이나 걸려서 쓴 것입니다. 부장님이 그 일을 그렇게 급하게 시키시지만 않았어도 보고서를 수정할 시간이 있었을 겁니다."

간접적인 공격

"어휴, 죄송합니다, 김 부장님. 도대체 제가 무슨 생각을 했는지 모르겠습니다." (마음속으로 — 내가 김 부장을 위해서 늦게까지 일을 하는 건 이번이 마지막이다. 이제부터 김 부장 일은 자기가 알아서 해야 할 거야.

또 김 부장이 업무 시간에 자리를 비워도 절대 변호 같은 건 안 해 줄 거야.)

소극적인 자세

"김 부장님, 정말 죄송합니다. 이 보고서 다시 제출하겠습니다. 그리고 다시는 이런 잘못을 하지 않겠습니다. 앞으로 일찍 출근하고, 오늘 중으로 이 보고서를 마무리하겠습니다."

적극적인 자세

"제가 무엇을 잘못했는지 정확히 말씀해 주시겠습니까?"

"여기 이 문제들을 전부 살펴보게."

"제가 보기에는 약간의 실수가 있습니다만, 이것 말고도 또 있습니까? 제가 다시 하기를 원하십니까?"

● 비판에 대처하기

비판을 받을 때 방어 의식이 발동하는 것은 지극히 자연스러운 현상이다. 우리가 왜 비판에 민감한지 이미 살펴보았듯이, 사실 대부분의 사람들은 비판을 잘 받아들이지 못한다. 인간에게는 근심과 방어 본능이 있어서 비판받을 것이라는 생각이 들면 과도하게 반응하게 된다. 어린 시절에 느꼈던 것처럼 비판을 거부라고 여기기 때문이다.

어린 시절 당신에게 꼬리표처럼 붙어 다니던 말이 있었는가? 칠칠이, 욕심쟁이, 아니면 게으름뱅이였는가? 이런 꼬리표는 당신을 나타낼 뿐만 아니라 사람들이 당신에게 호감을 느끼지 못하며, 싫어하고 미워한다는 의미로 여겨졌다. 이렇듯 우리는 자라면서 들었던 어떤 말과 표현 때문에 자신에 대한 의구심과 불확실성을 가득 갖게 되었다.

사람들은 누구나 비판에 대한 공포 때문에 하고 싶은 말, 하고 싶은 일을 하지 못하고, 살고 싶은 대로 살지 못한다. 어른들은(아이도 마찬가지로) 부정적인 말을 해서 다른 사람의 기분을 상하게 하지 않을지에 대해 과도하게 신경을 쓴다. 부모는 너무 인색하게 보이기 싫어서 자녀의 요구를 들어준다. 직장인들은 업무 태도에 대한 평판을 신경 써서 직장에서 늦게까지 일한다. 청소년들은 친구의 인정을 받으려고 친구의 행동을 따라 한다.

공격적인 반응

비판에 대한 공격적인 반응은 듣기를 거부하는 데서 나타난다. 이런 사람은 자신에 대한 확신으로 가득 차 있어서 자기는 절대 잘못하지 않았다고 생각한다. 혹은 너무 두려워서 습관처럼 자동적으로 그렇게 반응한다.

그러한 반응의 다음 단계는 비판에 대해 적대적으로 공격하면서 즉각 비판을 부인하는 것이다. ("그 일을 그렇게 급하게 시키시지만 않았어도….")

결과는 어떨까? 이렇게 하면 대부분 다음과 같은 결과로 이어진다. 서로 언성을 높였기 때문에 감정이 많이 상한다. 그래서 김 부장은 당신에게 일을 시키지는 않겠지만 앞으로의 회사 생활이 어려워질 수 있다. 이런 식으로 반응하는 사람은 보통 자신의 감정을 폭발시키기 때문에 직장 동료, 친구, 가족이 그 사람의 적대적인 행동에 상처를 받게 된다.

간접적 공격성의 반응

간접적 공격성은 보통 다른 사람의 눈에 잘 띄지 않는다. 이런 사람은 비판받을 때 마음속에 분노가 일지만 겉으로는 안 그런 척 미소를 짓는다. 그러나 속에서는 부글부글 끓어올라 복수를 꾸민다. ("나는 앞으로 김 부장을 위해서 늦게까지 일하지 않을 거야.")

결과는 어떨까? 이렇게 행동하면 양쪽 모두에게 해가 없는 것처럼 보인다. 하지만 자신이 느끼는 감정과 완전히 다르게 행동하는 것은 위선이기 때문에 결국에는 위선적인 자신의 모습에 자괴감이 든다. 그리고 나중에 복수를 하더라도 일시적인 만족감은 얻겠지만 상대방이 그 일이 있은 후로 오랫동안 당신에게 복수를 할 수도 있고, 당신은 이중적인 행동을 하는 믿을 수 없는 사람이라는 평판을 얻게 된다.

자기 자신에 대해 좋게 느끼려면 진실해야 한다. 스스로 믿는 바에 따라 정직하게 행동하라. 그러면 자신감이 생길 것이다.

소극적인 반응

소극적인 사람은 비판을 아무 의심 없이 받아들인다. 만일 누군가가 자신에 대해 어떤 사실을 말하면 곧이곧대로 믿는다. 동시에 그 사실 때문에 스스로 자기 자신을 동정한다. "그건 내 잘못이 아니야. 내 인생이 왜 이 모양인지 아무도 이해하지 못해." 또는 "맞아, 나는 게으르고 일도 열심히 하지 않아."라고 자책한다. 아니면 자신감을 잃고 "나는 아무 가망이 없어. 이 일을 하지 말았어야 했어. 나는 정말 바보 같아."라고 한다.

결과는 어떨까? 소극적인 사람은 자신을 방어하는 경우가 드물다. 괜한 말썽이 일어나거나 남들이 자신을 좋아하지 않을까 걱정되기 때문이다. 하지만 이러한 소극성은 종종 일을 성가시게 만든다. 이런 사람들은 비현실적인 약속을 잘 하기 때문이다. "곧바로 다시 하겠습니다. 그리고 앞으로 절대 이런 일이 일어나지 않도록 하겠습니다." 하지만 이런 말은 대부분 비판을 피하려는 목적일 뿐이다.

소극적인 사람은 때로 다른 사람이 나쁜 마음을 품게 한다. 괴롭힘을 가하는 사람이 아무런 제약도 없이 괴롭힐 수 있게 하는 것이다. 사실 소극적인 사람과 관계를 맺는다는 것은 매우 어려운 일이다. 이런 사람에게는 진정 원하는 것이 무엇인지 끊임없이 물어봐야 하기 때문이다.

소극적인 사람이 흔히 쓰는 말은 "아뇨. 당신이 결정하세요. 저는 아무래도 괜찮습니다."이다. 그러나 이렇게 하면 상대방은 극도로 짜증이 나고, 소극적인 사람이 회피하려 한 것처럼 상대방도 결정을 내리기 싫어진다. 직장에서는 상사에 대해 소극적인 사람이 많아도 문제가 없을 것이다. 하지만 직장에서 그러한 태도는 좋은 자세가 아니므로 다른 사람과 효과적으로 관계를 맺을 수 없게 된다.

적극적인 반응

적극적인 사람은 비판을 경청하고 상대방에게 좀 더 많은 정보를 요구한다. "제가 무엇을 잘못했는지 정확히 말씀해 주시겠습니까?" 그런 다음 그 비판이 정당한지 그렇지 않은지를 결정한다. "약간의 실수가 있습니다."

적극적이려면 용기가 필요하다. 즉, 구체적인 비판의 내용을 찾고 그 말이 사실인지 인정할 준비를 해야 한다는 뜻이다. 하지만 당신이 비판을 인정한다고 해서 상대방이 당신을 쏴 죽이지는 않을 것이다. 그렇다면 무엇 때문에 걱정하는 것일까?

어른은 어른다운 자아를 계발해야 한다. 이 말은 남들이 자신에 대해 하는 말을 주의 깊게 듣고, 그 말에 아이처럼 유치하고 부적절하게 행동하지 않는다는 뜻이다. 다시 말해 남들로부터 존중받을 수 있는 행동을 해야 한다는 것이다. 깊이 생각해 보지도 않고 "잘 모르겠습니다." 혹은 "잘못했습니다."라고 말하면 상대방이 불쾌해하며 당신에게는 가망이 없다고 생각할 것이다.

● 비판에 대처하는 법

1. 마음이 편안해야 한다. 비판받은 일을 모든 사람들에게 말하고 다니지 말고 비판에 대처하기 전까지 마음을 다스린다. 가능하다면 산책을 하고 상쾌한 공기를 마신다.

2. 최근에 칭찬받았던 일들을 떠올린다. (칭찬하는 내용이 담긴 이메일이나 쪽지가 있다면 아무리 사소해 보여도 따로 보관해 두는 것이 좋다. 나중에 유용하게 쓰일지도 모른다. 나중에 쓰이지 않더라도 자신감을 갖는 데 큰 도움이 된다. 사람들이 자신에게 하는 칭찬을 그때그때 기록하여 한 폴더에 저장해 둔다.)

3. 주도권을 잡는다. 자신의 신체 언어를 기억하라. 회의실로 자신 있게 들어가서 김 부장의 얼굴을 보고, 이야기를 나눌 기회와 시간을 내주셔서 고맙다고 인사한다.

4. 비판이 너무 일반적이라면 좀 더 많은 정보를 물어본다. 예를 들어, 무슨 말을 하는지 정말로 알 수 없을 때는 물어보는 것이 아주 좋다. (도움이 될 경우) 비판을 이용하려고, 또는 (조작인 경우에) 상대방의 힘을 빼려고 비판을 적극적으로 옹호하는 것은 좋지 않다.

5. 정직하게 반응한다. "말씀하신 것에 조금 충격을 받았습니다. 그리고 그 일에 관해 많은 생각을 하게 되었습니다."

6. 필요하다면 그것에 대해 생각할 시간을 달라고 요청한다. "괜찮으시다면 이 문제를 나중에 다시 의논해도 되겠습니까?"(정말로 그 문제에 대해 생각해야 한다. 아예 생각조차 하지 않고 그 사람을 피하면서 그 문제에 대해 잊어 주기를 바랄 거라면 생각할 시간을 달라고 해서는 안 된다.)

● 다음 단계

비판이 정당한지 판단하기

적극적인 자세를 배운다는 것은 당신이 비판에 주로 어떻게 반응하는지를 시험하는 것과 같다. 대부분의 사람들은 처음에 방어적으로 반응한다. 하지만 이를 인식하기만 하면 이러한 방어적 자세를 멈출 수 있다. 만약 계속해서 비판에 방어적으로 반응하기만 한다면 끊임없이 좌절할 것이고, 비판을 한 사람과의 관계가 매우 어렵게 느껴질 것이다.

마음을 편하게 갖고 상대방이 정말 말하고자 하는 것이 무엇인지 귀를 기울여라. 그리고 상대방이 한 비판을 다른 말로 풀어서 생각해 보라. 그러면 비판 때문에 오해가 생기지 않을 것이다. 상대방의 말을 오해할 것 같다면 깊이 심호흡을 하면서 침착해지도록 하자.

일단 이를 실행에 옮기고 즉각 자신을 방어하려는 자세를 멈췄다면 이제 비판이 정당한지를 생각해 볼 수 있을 것이다. 정당한지 잘 모르겠다면 전에도 누군가가 그 문제를 언급한 적이 있었는지 곰곰이 따져 보자. 또한 비판하는 사람의 자격에 대해서도 고려해 볼 수 있다. '그 사람이 과연 그 상황을 이해하고 그런 말을 했을까?' 생각해 본다.

비판이 정당한 경우

1. 확고한 믿음을 갖고 그 말을 받아들인다. "네, 최근에 늦었습니다."와 같이 반응하는 것은 부정적인 적극성이다. 이것은 자신의 부정적인 면에 대한 비판에 깊이 공감하면서 실수와 잘못을 받아들이는 것이다. 이렇게 하면 비판한 사람이 안심하게 된다.

(하지만 자신을 비하하지는 말라. "저도 제가 수다쟁이라는 것을 알고 있습니다."라고 소심하게 말하기보다 "제가 말을 많이 하는 경향이 있습니다. 특히 신 나는 일이 있을 때 그렇습니다."처럼 확신 있게 말하되 정직하라.)

2. 비판에 대해 어떻게 할지 결정한다. "저는 시간을 지키려고 노력할 것입니다."

(변화될 준비가 되어 있지 않다면 그렇다고 솔직히 말하라. 하지만 그렇게 말한 데 따르는 결과는 받아들여야 한다. 만일 당신이 한 일에 아무 문제가 없

다고 생각한다면 굳이 사과하지 말라. "네, 그렇습니다. 저는 정리 정돈을 잘 못합니다. 하지만 창의적이라고 생각합니다.")

3. 비판에 동의하되 어떻게 변화시켜야 할지 모르겠다면 도움을 구한다. "그 말씀이 맞습니다. 어떻게 해야 저 자신을 바꿀 수 있을지 도움 말씀을 해 주시면 감사하겠습니다."

4. 건설적인 비판을 해 준 상대방에게 고마워한다. "이 문제로 저와 상의해 주셔서 감사합니다."

5. 비판하던 사람이 침착하게 당신의 말을 들었다면 이제 자신을 변호하는 말을 간략히 할 차례다. "때로 저는 보고서를 쓸 시간이 별로 없습니다." 푸념하지 말고 희생자인 것처럼 행동하지도 말라. 그 대신 자신감을 갖고 생각하는 바를 말하라. 자기 합리화를 하거나 너무 길게 변명하지 말라.

(자신을 항변할 때는 다음과 같은 말을 쓰면 좋다. "이런 말씀을 드려도 될지 잘 모르겠지만…." 이런 말은 불쾌한 이웃이나 새치기하는 사람에게는 하지 말고 당신이 잘 알고 믿는 사람에게만 하라.)

비판이 정당하지 않은 경우
1. 상대방의 비판에 대해 강하고 자신감 있게 거부한다. "아니요.

그것은 절대 사실이 아닙니다." (이 말은 비판이 너무 일반적인 경우에 쓸 수 있다. 예를 들어 게으르고, 인색하고, 가망이 없다는 등의 비판에 대해서다. 이런 말은 그저 혹평일 뿐이다.)

2. 상대방보다는 '나'를 주체로 해서 답한다. "김 부장님 생각은 틀렸습니다."보다 "제가 보기에는 오해가 있는 것 같습니다."라고 하는 편이 낫다.

3. 비판에 위협을 느꼈을 때 "다시 한 번 말씀해 주시겠습니까?" 또는 "이해가 안 됩니다."라고 하면 상대방이 처음부터 다시 좀 더 침착하게 말하기 때문에 유용하다.

4. 비판이 부분적으로는 사실이라면 그 비판에 동의하되 그것을 다시 평가한다. "제가 때로 회의에 늦긴 했지만 근무 시간에 늦은 적은 없습니다.""제 생각에는 옳지 않다고 봅니다."

5. 비판을 하는 사람이 크고 빠르게 말한다면 당신은 목소리를 낮추고 천천히 말하는 것이 좋다. 여기서도 신체 언어와 목소리 톤이 매우 중요하다. 정당하지 않은 비판에 너무 충격을 받아 상대방에게 공격적으로 반응하지 않도록 조심해야 한다.

6. 때로는 자신이 받은 비판에 굉장히 당혹스러울 수도 있다. 그럴 때는 그 말을 다른 말로 풀어서 재해석하고, 비판한 사람이 그 말에 해당하지는 않는지 따져 보라. 어떤 사람이 "당신은 정말 돈밖에 모르는군요."라고 말했다면 (그리고 그것이 사실이 아니라면) 그 말을 한 사람이 인색하다고 느낀 적이 있었는지 곰곰이 따져 보라. 물론 이 문제를 제대로 따진다면 그 사람에게 위선적이라고 꼬집을 수도 있겠지만, 그렇지 않다면 그냥 "그 말은 사실이 아닙니다." 혹은 "저는 실제로 후한 사람입니다."라고 말하면 된다.

(만일 그 말을 한 사람이 친구나 가족 혹은 친척일 경우에 관해서는 다음에 이야기하도록 하겠다. 가까운 사람일 경우에는 그렇게 분개하지 않기 때문에 이 문제에 대해 솔직한 대화를 나눌 수 있다. 비판 뒤에 숨겨진 마음을 물어보라. "혹시 누군가에게 아니면 어떤 일에 화가 났나요?")

"우리가 다른 사람에 대해서 주로 불평하는 내용은 바로 나 자신이 싫어하는 내 모습이다."

— 윌리엄 워턴William Wharton

● 예상치 못한 비판-눈물을 보이지 않는 법

대부분의 비판받는 상황에서는 (적어도 반 정도는) 비판 내용을 예상했을 것이다. 이는 당신이 상사나 동료가 당신의 일에 대해 하는 비판이나 친구 혹은 동료가 당신에 관해 늘 하는 비판이 어떤 내용인지 이미 잘 알고 있기 때문이다. 만일 당신이 어떤 문제를 일으켰고 이를 다른 누군가에게 알렸다면, 이는 당신이 비판을 청한 것과 같다. 그리고 당신은 당연히 비판을 받아들일 자세가 되어 있을 것이다.

> 자신감이 넘치는 사람은 사실 비판을 청한다. 학교나 대학에서 우수한 학생들은 종종 칭찬을 마다하고 어떻게 해야 더 발전할 수 있는지 정확히 알고 싶어 한다.
> 이와 유사하게, 어떤 사람과 관계가 좋지 않다면 그 관계를 개선할 심각하면서도 진지한 대화를 나누고 싶어 할 것이다. 물론 이를 실현하려면 용기가 있어야 한다. 하지만 보통 사람들은 자신을 비판한 상대방이 자신에 대해 거리끼는 문제를 알고 있다고 짐작하기 때문에 대화를 나누기도 전에 관계가 틀어지는 경우가 많다.
> 대부분의 불화는 서로 이야기하지 않고 상대방의 생각을 추측하기 때문에 일어난다. 때로는 상대방이 분명히 비판해야 하는데도 적극적으로 비판하지 않을 때가 있다. 그런 경우에는 당신이 그 사람을 도와주어야 한다. "최근에 내가 밖으로 많이 나돌았지. 그래서 화가 났어?" 비록 당신이 정확하게 꼬집어 내지 못했더라도 대화를 시작하고 상대방이 생각하는 바를 말할 기회를 줄 수 있다.

일단 비판에 어떻게 반응해야 할지를 배웠다면(연습도 많이 했다면) 예상치 못한 비난에도 거기에 준비된 사람처럼 대응할 수 있을 것이다. 이제 상처 주는 말에 대응하며 상대의 허를 찌를 수 있는 몇 가지 팁을 살펴보자.

1. 외모를 비난할 때

"머리 깎았네."라고 하면 그냥 "맞아."라고 답한다. 그리고 화제를 바꾼다. "응, 괜찮아 보이니?"라고 묻지 않는다. "그 머리 좀 나이 들어 보이지 않니?"라고 하면 "아니."라고 답하고 화제를 바꾼다. (이때 목소리 톤은 공격적으로 들리지 않도록 하되 적극적으로 아니라고 해야 한다.) 상대방의 말에 동의하면 웃으면서 적극적으로 "그래."라고 대답할 수도 있다.

"머리가 너무 짧지 않니?/더 뚱뚱해 보이지 않니?/목이 더 짧아 보이지 않니?"와 같이 말할 때는 단호하면서도 상냥하게 "아니, 그렇지 않아."라고 답하라. 그 비판 때문에 논쟁하지 않도록 한다. 필요하다면 당신이 했던 말을 반복하라. 그 말에 변명하지 말고 다시 한 번 "응."이라고 대답하는 것이 좋다. 화가 난다고 덧붙여 설명하려 들지 말라.

2. 당신이 한 일에 대해서 누군가가 깎아내리는 표현을 할 때(예를 들어 꾸미기)

"여기는 제대로 안 했네." 혹은 "저런, 도대체 어떻게 손을 댄 거야?"라고 하면 그 말을 못 들은 것처럼 무시하든지 아니면 당신 기분이 어떤지를 말하라. "그런 혹평을 하다니 너답지 않네." ("너 어디 기분 안 좋니?"라고 덧붙여 물어볼 수도 있다. 이 말은 다소 비꼬는 투에 가깝다.) 이 말은 상대방이 당신의 외모에 대해 악평을 할 때 써도 좋다.

괴롭히는 사람 대처법

이 책을 읽고 적극성의 기술을 터득했다면 괴롭힘을 당하지는 않을 것이다. 보통 괴롭히는 사람은 상대의 약점을 파악하는 능력이 있고 이를 이용해 자신의 자존감을 높이려 한다. 그러므로 당신이 적극적이라고 해서 다른 사람이 당신에게 나쁘게 행동하지 않는다거나 잔인한 말을 하지 않는다는 것은 아니다. 단지 당신이 괴롭히는 사람을 다룰 수 있게 되고, 괴롭힘에 벌벌 떨며 무서워하거나 비참하게 분노를 느끼는 상태에 빠지지 않게 된다는 것을 뜻할 뿐이다.

절대 괴롭히는 사람의 기분을 맞추려고 하거나 그 사람에게 잘 보여서 함께 어울리려고 하지 말라. 그러면 그가 당신보다 우위에 있게 된다. 만일 괴롭히는 사람과 안면은 있지만 잘 알고 지내는 사이가 아니라면 그 사람을 무시하라(하지만 머리를 숙이거나 눈을 피하지 말고 자신감 있게 행동하라).

- 유머 감각을 발휘하라. 웃어 넘기는 것이 가장 적극적인 반응이다. (가능하다면 다른 사람을 끌어들여라.) 이렇게 한다고 해서 괴롭히는 사람이 지금까지와 달리 당신에게 호감을 품거나 하지는 않겠지만, 호감을 얻으려고 이런 행동을 하는 것은 아니니 신경 쓰지 않아도 된다.
- 그 사람 말에 동의하면서 부정적 적극성의 기법을 써라. "응, 맞아." "그 말을 마음에 새길게." (조롱하는 말을 반복하지는 말라.)
- 직장에서 괴롭힘을 당한다면 회사의 정책 중 괴롭힘과 관련된 내용을 찾아보고 그 정책에 있는 내용대로 처리한다. 당신에게는 그럴 권리가 있다.
- 가족이나 친구에게 괴롭힘을 당한다면 적당한 시간을 잡아 당신의 말을 10분만 들어 달라고 부탁하라. 말할 내용을 침착하고 정직하게 과장하지 말고 설명하라. "…라고 느꼈어." 혹은 "네가 … 해 줬으면 좋겠어."라고 말하라.
- 이렇게 했는데도 그 사람이 계속해서 괴롭힌다면 당신 자신의 정신 건강을 위해 그 밖의 다른 대책을 세우려 할 것이다. 물론 괴롭힘을 멈추지 않을 때 당신이 취할 태도를 그 사람에게 일일이 말해 줄 필요는 없다. 하지만 당신이 어떤 식으로 대처할지에 관한 순서는 미리 정해 두는 것이 좋다.

그러니 절대 자기 비하의 함정에 빠지지 말라.

3. 유머 감각을 발휘할 수도 있다. 누군가가 당신의 행동을 비판한다면 심하게 과장해서 자기 비하를 해 보라. 이는 아이들한테 특히 효과가 있는 방법이다. "이것도 못하게 하고 너무 나빠요." 혹은 "왜 나는 이걸 못 가지나요?"라고 하면 그냥 "왜냐하면 나는 너무 나쁜/끔찍한/못된 부모거든." 하고 웃는다.

일전에 한 선생님이 다른 선생님에게 수업 계획서(그 선생님이 빌리려고 했었던 것)를 준비하지 않았다고 비난하는 것을 들은 적이 있다. 왜 준비를 안 했냐고 물었을 때, 다른 선생님은 웃으면서 이렇게 말했다. "나는 너무 형편없는 선생이거든." 물론 그 말을 들은 선생님이 따지긴 했지만 잘 생각해 보니 자신이 했던 말을 수습하려는 말이었다.

하지만 자신이 몰랐던 부분을 누군가가 꼬집어 줬을 때 항상 적극적으로 행동한다는 것은 어려운 일일지도 모른다. 설령 눈물이 나거나 화가 나더라도 너무 안 좋게 생각하지 말라. 인간인 이상 방어적으로 대응하는 것은 지극히 자연스러운 일이다. 너무 피곤하거나 우울할 때 혹은 기분이 안 좋을 때는 특히 더 그렇다.

적극적으로 대응했다 할지라도 그 후에 기분이 안 좋아질 수도 있다. 그렇다면 가까운 친구에게 이 문제를 의논하라. 도움이 될 것이다. 하지만 그 문제로 너무 끙끙 앓지는 말라. 이미 당신은 최선을 다했으므로 다른 일에 전념하라.

● 건설적인 비판하기

필자가 가르치는 학생들에게 적극성에서 어떤 면이 가장 어려운지 순위를 매겨 보라고 했더니 비판하기와 비판받기가 단연 1위를 차지했다. 대부분의 사람들은 비판받기가 비판하기보다 더 어렵다고 생각한다. 하지만 두 가지만 가지고 학생들에게 질문했을 때 학생들은 대개 다른 사람을 비판하기가 더 어렵다고 느꼈다. 더욱이 적극적이지 않은 사람은 비판을 잘 못하기 때문에 그냥 침묵하고 남을 화나게 하는 어떤 발언도 하지 않는다.

☞ 기억할 것 : 상대방의 행동이 상처를 주고 힘들게 한다면 당신에게는 그렇게 하지 말라고 요청할 권리가 있다.

최근에 누군가와 문제가 있었거나 상대방에게 불만을 품었던 적이 있는지 생각해 보라. 당신은 이 문제에 어떻게 대처했는가?

- **공격성** : 상대방에게 화를 내고 거칠게 행동하며 욕을 한다.
- **간접적 공격성** : 상대방이 없는 데서 그 사람을 헐뜯고 조롱하는 등 나쁜 말을 한다.
- **소극성** : 직접적으로 상대방에게 맞서지는 않지만 슬퍼하며 다른 사람에게 한탄한다.

- 적극성 : 상처를 준 상대방의 행동에 대한 자신의 느낌을 말한다.

아무것도 말하지 않았을 때의 결과

단순히 분란을 일으키지 않으려고 아무 말도 하지 않은 채 자신의 입장을 드러내지 않는다고 해서 안 좋은 기분이 사라지는 것은 아니다. 사실 분노와 같은 부정적인 감정은 드러내지 않고 덮어 버릴 때 더 깊이 곪아 썩게 된다.

자신이 받은 사소해 보이는 상처를 무시하는 시간이 길어질수록 자연히 화가 더 커지고 나중에는 맹렬히 분노하거나 슬픔에 빠져 버린다. 감정을 삭이고 아무렇지도 않은 듯 얼굴 표정을 가장할수록 스트레스를 받고 건강에도 위협이 된다.

남편이 아내에게 "당신은 요리를 잘 못해."라고 말하는 상황을 떠올려 보자. 아내는 늦게까지 일하느라 음식을 사다가 혼자 저녁을 차렸다. 그래서 그런 말을 듣는다면 상처 받을 수밖에 없다. 하지만 아내는 남편에게 아무 말도 하지 않는다.

주말에 같이 밖에 나갔다가 남편의 친구를 만났다. 그런데 아내를 소개해 주기는커녕 자기들끼리만 이야기하고 대화에 아내를 끼워 주지 않는다. 그래도 아내는 아무 말 하지 않는다.

아내가 남편에게 소소한 집안일을 부탁했다(쓰레기 밖에 내놓기). 하지만 남편은 그 부탁을 잊어버리고 밖에 나가 버렸다. 그래서 아내는 잠옷을 입은 채로 쓰레기를 내놓아야 했다. 그래도 아내는 아무 말 하지 않는다.

아내는 돈을 아끼려는데 남편은 DVD 세트를 샀다. 아내는 갑자기 화가 치밀어 올라 남편에게 화를 냈다. 남편은 이런 아내를 이해하지 못한다. "당신 무슨 일이야? 이거 그렇게 비싼 거 아니야."

사소한 일에 매번 화가 치밀어 오르지만 아무 말도 하지 않았다면 앞으로는 좀 더 적극적으로 솔직하게 드러내고 이야기해 보자.

건설적인 비판이라는 말은 매우 간단해 보인다. 하지만 비판을 받았을 때 자신이 어떠한 반응을 보이는지 알기 때문에 누군가를 적극적으로 비판하기란 어렵다. 우리는 상대방의 반응이 두려운 탓에 잔소리하거나 비판하기를 원치 않는다.

● 다른 사람에게 반응할 때 일관성 유지하기

분노를 속에다 담아 두면 인간관계와 직장 일에 나쁜 영향을 미친다. 어떤 사람은 친구와 가족은 쉽게 비판하지만 직장 동료의 나쁜 행동이나 무분별한 언사는 그대로 내버려 두는 경우가 있다 (물론 그 반대의 경우도 있다).

비판을 하기 쉬울 때도 있지만 그렇지 않은 때도 있다. 부모님, 배우자, 자녀에게는 원하는 것을 말해도 큰 문제가 없지만 직장에서는 공격받을 수도 있다. 그렇다면 그 이유가 무엇인지 점검해 봐야 한다. 어쩌면 당신은 가족에게 무슨 말을 해도 당신을 공격할 수 없다는 사실을 알기 때문에 가족을 괴롭히는 것일 수도 있다. 이와 반대로, 직장에서는 다른 사람이 화를 내고 싫어할까 봐 하고 싶은 말을 못하고 겁쟁이처럼 행동하는 것일 수도 있다.

누군가가 당신에게 공격적인 행동을 한다면 당신에게는 그 행동을 바꾸라고 요청할 권리가 있다. 그리고 그 권리는 집 안팎 모두에서 똑같이 적용된다. 비판도 이와 마찬가지다. 두려움 때문에 당신이 옳다고 생각하는 것을 하지 못하는 일이 없도록 하라.

● 다른 사람이 적극적으로 행동하도록 돕는 윈윈 전략

건설적인 비판을 한다는 것은 상대방 그리고 그 사람과의 관계를 소중히 여긴다는 뜻이다. 상대방의 행동에 직접적이고 구체적으로 피드백을 하면 업무의 능률도 오르고 좋은 관계를 가질 수 있다. 물론 상대방이 비판을 적극적으로 수용하지 못하고 오히려 불쾌하게 받아들일 수도 있다. 그렇다고 해서 말하고 싶은 것을 부끄러워하며 감추지는 말아야 한다. 상대방에게 하고 싶은 말과 표현을 어떻게 할지를 주의 깊게 생각해 본다.

- 누군가를 비판하기 전에 자신이 비판하려는 이유를 먼저 점검하라. 어떤 일에 대해 불평하는 것도 괜찮다(예를 들어, 식당에서 음식에 대해 불평하기). 마음속에 그 사람이 어떻게 변했으면 하고 바라는 구체적인 모습이 있다면 그 사람을 존중하는 마음을 갖고 융통성 있는 비판을 해야 한다. 왜냐하면 비판의 목적은 그들의 행동을 변화시키는 데 있지 수치심을 불러일으키는 것은 아니기 때문이다.
- 적절한 시간과 장소를 정하라. 즉각적으로 말하는 것이 가장 좋긴 하겠지만 그러는 것이 적절하지 않을 수도 있다. 특히 주위에

사람이 많은 경우에 그렇다. 대부분의 사람들은 누군가 자신의 말을 듣고 있다고 생각할수록 더욱 방어적이 된다. (이런 방어적인 자세 때문에 어떤 아이들은 선생님한테 꾸지람을 듣고도 계속해서 나쁜 행동을 한다.)

- 어떤 일에 대해 자신의 생각을 말하지도 않으면서 무언가가 바뀔 것이라고 여기며 마음에 쌓아 두지 말라. 그런 일은 거의 일어나지 않을뿐더러 오히려 상황을 더 악화시킨다. 어떤 사람의 행동이 거슬린다고 느껴지면 최대한 빨리 그 일에 제동을 거는 것이 좋다. 상대방에게 화가 나는데 이를 마음속에 쌓아 두면 안 된다. 상대방의 행동을 모른 체하면 두 사람 모두에게 손해가 된다. 그러므로 오히려 비판을 함으로써 당신은 상대방의 권리를 존중하게 된다.

- 당신이 느끼는 불만을 쏟아 내려고 애쓴 다음에도 아무것도 바뀌지 않는다면 그 상황을 되새겨 볼 필요가 있다. 그것이 바꿀 수 있는 문제인지 아니면 그 사람의 개성인지 생각해 보라. 어떤 사람은 비판에 부정적인 반응을 보이므로 다른 사람의 도움을 받아 긍정적인 반응을 이끌어 낼 수도 있다.

● 비판하기의 여섯 단계

1. 비판과 더불어 장점을 언급한다.

이 방법은 비판을 잘 받아들이지 않는 사람에게 효과적이다. "늦게까지 일한 것은 매우 고맙지만 ….."

(긍정-부정-긍정의 샌드위치 방법을 사용해도 된다. 긍정적인 면을 말한 다음 부정적인 면, 그다음 다시 긍정적인 면을 말한다. 하지만 조심해야 한다. 자주 적용하면 사람들이 당신이 하려는 말을 다 알아차리고 '그런데'라는 말이 나오리라는 것을 지레짐작하게 된다.)

2. 행동은 비판하되 사람은 비난하지 않는다.

비판을 할 때 어떻게 해야 하는지 배웠던 것을 기억하는가? '욕심쟁이' 혹은 '이기적인 사람' 같은 꼬리표를 붙이면 안 된다는 것 말이다. 그 대신 "당신은 정말 믿을 수가 없네요." 혹은 "이번 주에 두 번이나 늦었어요."와 같이 말하라.

3. 상대방의 행동에 대한 자신의 느낌을 표현한다.

"당신은 다른 사람의 감정 따위는 전혀 상관하지 않는 것 같군요."라고 말하기보다는 "당신이 다른 사람들 앞에서 그런 식으로 이야기해서 너무 속상했어요."라고 말하는 편이 낫다. 단, 이런 말은 믿을 만한 사람이나 관계가 개선되기를 바라는 사람에게만 하라.

4. 입을 다물고 귀를 기울인다.

비판을 받았을 때의 기분을 다시 한 번 상기해 보라. 아마도 당신은 자신이 했던 행동을 해명하고 정당화하려 했을 것이다. 이처럼 우리는 비판을 할 때도 흔히 그 같은 과오를 저지른다. 즉, 자기가 옳다는 생각에 빠져 이미 한참 전에 지적한 일을 계속해서 끄집어내는 것이다.

이러한 사실을 놓고 볼 때, 당신이 미처 몰랐던 것을 누군가가 알려 줘서 당신의 관점이 바뀔 수도 있다. 그럴 때는 그들이 한 말을 다시 물어보면서 점검하라. "제가 바로 이해했습니까?" "당신이 의도하는 바가 …입니까?"

5. 구체적인 변화를 요구하고 동의를 구한다.

단순히 불평만 하거나 너무 모호하게 비판하면 당신이 정말로 변화되기를 원하는 것을 상대방이 이해하기 어렵다. 당신이 말한 것을 상대방이 받아들였을 때(이때 목소리 톤이 공격적이지 않으면 더 잘 받아들인다), 어떻게 개선해야 할지는 상대방이 스스로 생각해 내게 하라.

"정말 집안일을 안 도와주네."라고 하는 대신 좀 더 구체적으로 "이번 주에 한 번도 식사 준비를 거들지 않았어. 다음 주에는 언제 식사 준비를 거들어 줄 수 있겠어?"라고 한다.

6. 결과에 대해 이야기한다.

당신의 비판에 부정적으로 반응하거나 완전히 무시해 버린다면, 상대방이 변하지 않을 때 어떤 일이 일어날지 말해 주어야 한다(앞서 괴롭히는 사람을 다룰 때 언급한 그 밖의 대책을 사용하면 유용하다).
단, 상대방을 위협하지 말고 그 상황을 잘 다루어라. 이때 부정적인
결과를 말하는 대신 당신이 어떤 행동을 취할지를 말해도 된다. "계
속해서 늦으면 이 문제를 더 깊이 다루는 수밖에 없어."

만일 친구가 항상 늦게 나타나면 다음과 같이 말하라.

"나는 네가 매번 지각하는 데 완전히 지쳤어(앞으로는 네가 전화하면
출발할 거야)."

상대방이 당신의 말에 귀를 기울이고 당신이 말하는 것을 받아들
이면 긍정적인 결과를 언급하고 낙관적인 말로 끝을 맺는다.

"당신이 식사 준비를 거든다면 그날 메뉴는 당신이 정하면 돼. 이
렇게 문제를 해결할 수 있어서 정말 기뻐."

● 요약

▶ 인생에서 비판을 주고받은 적이 없다면 하루 만에 그것을 할 수
   는 없을 것이다.

▶ 비판을 주고받는 것은 연습이 필요하다.

▶ 모든 것을 한꺼번에 하려고 하지 말라.

▶ 완벽하지 못해도 받아들일 줄 알아야 한다.

▶ 잘못됐다고 해서 스스로 비판하지 말라.

▶ 공격성과 적극성의 차이 중 하나는 다른 사람을 존중하는가

이다.

▶ 가능한 한 모든 것을 간략하게 이야기한다.

▶ 상대방이 시비를 걸면 자신이 했던 말을 그냥 반복한다.

▶ 앞으로 닥칠 일이 두렵다면 누군가와 그 문제에 대해 역할 놀이를 해 본다.

▶ 솔직해진다.

▶ 분노를 쌓아 두지 말고 즉시 그 사람한테 이야기한다.

▶ 피곤하고 우울하고 지쳐 있을 때는 적극적으로 말하고 행동하기가 더 어렵다.

▶ 그 자리에서 정확한 답이 생각나지 않으면 다음에 이야기하겠다고 한다. 썩 마음에 들지 않는 답이라면 더더욱 그렇게 한다.

▶ 비판을 했는데 반응이 나쁘면 속상할 수도 있다. 그렇다고 당신이 틀린 말을 한 것은 아니다.

용기는 인간의
첫 번째 덕목이다.
용기가 있어야 다른 모든
덕목도 생긴다.

아리스토텔레스 Aristotle

실행에 옮기기

지금까지 적극적인 행동의 다양한 면을 살펴보았다. 이제는 이것을 어떻게 실제 삶으로 옮길 것인가에 관해 살펴볼 것이다. 1장에서 '자신의 적극성 알아보기'를 통해 자신이 어떤 영역에서 가장 적극적이고 적극적이지 못한지를 알 수 있었을 것이다. 제2부의 각 장에서는 이러한 영역을 살펴볼 것이다. "아니요"라고 말하는 것에서부터 비판을 받아들이는 것까지 다양한 사례를 소개한다. 또한 이러한 사례 연구를 통해 문제 상황에서 적극적으로 행동할 수 있는 팁도 알려 줄 것이다.

당신의 행동을 어떻게 바꿀 수 있는지 이해하고 좀 더 적극적이 되었다면 마지막 여정인 의사 결정 단계로 넘어가자. 주의 깊게 생각해서 후회하지 않을 훌륭한 결정을 내리는 것, 이것은 적극적인 사람이 되는 전부라 해도 과언이 아니다. 다른 사람을 대할 때 더욱 적극적이 되도록 돕는 분명하고 단순한 과정이 있는 것처럼, 효과적인 결정을 내릴 수 있는 논리적인 과정도 있다. 마지막 10장에서는 이러한 과정을 자세히 알아볼 것이다. 그리고 그 앞의 장들에서는 사례 연구를 통해 적극적으로 행동하는 실제의 모습을 살펴본다.

Chapter 5

가족 관계에서의 적극성

"모든 행복한 가정은 서로 닮았다.
불행한 가정은 저 나름대로 불행하다."

– 레오 톨스토이 Leo Tolstoy

How to be
Assertive
in any situation

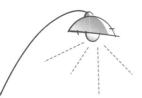

진심 어리고 구체적인 칭찬을 하면
가족 간에 화목해지고 자존감을 높인다.

1장의 '자신의 적극성 알아보기'로 돌아가 보자. 당신은 가족과의 관계에서 얼마나 적극적인가? 가족 관계에서의 적극성 점수는 친구 관계나 직장에서의 적극성 점수와 얼마나 다른가? 어떤 사람은 가족한테 적극적이기는 쉽지만 마음에 들지 않는 서비스에 대해 불평하는 것은 어렵다고 여긴다. 또는 몇몇 가족에게는 적극적이지만(자녀나 여동생) 그 외의 가족에게는 속으로 화만 내거나 가망이 없다고 여길 수도 있다.

이 장에서는 '자신의 적극성 알아보기'에서 묘사되었던 일부 상황을 살펴보고 어떻게 하면 그 상황을 적극적으로 다룰 수 있는지 알아보겠다.

● 원하는 것 요구하기

　수지는 제약 회사 지부의 판촉 대표다. 그녀는 세 아들(10세, 13세, 15
세) 그리고 종종 집에 늦게 들어오는 재혼한 남편 롭과 함께 산다. 수지는
롭보다 먼저 퇴근한다. 그래서 그녀는 대부분의 집안 살림을 떠맡고 있다
(롭과 재혼하기 전에 항상 수지가 했던 일이기 때문이다).
　수지는 롭이 집안일을 도와주지 않는 데에 점점 더 화가 난다. 그녀는 남
들에게 자기가 해야 할 일이 너무 많다고 불평한다. 하지만 그것도 넌지시
비꼬는 식으로 말할 뿐이다. 그런데 집에서는 또 그런 티를 내지 않는다. 직
접 부딪치는 것이 부담스럽기 때문이다. 롭은 퇴근해서 집에 돌아오면 피곤
하다. 하지만 그는 자기도 조금이나마 일을 한다고 생각한다. 쓰레기를 밖
에 갖다 버리고, 세차도 하고, 가끔 잔디도 깎는다. 물론 주말에는 휴식을
취하는 것을 좋아한다. 그래서 주로 토요일 오후에는 축구 경기를 보러 간
다. 종종 밖에 나가서 친구와 술도 마신다.

　1장에서 정의한 내용대로 수지의 행동을 판단할 수 있겠는가? 수
지의 행동은 바로 소극적 공격성이다. 그녀는 아무 말 없이 일을 다
하면서 싸움을 피하려고 하지만 실은 화를 내고 비웃음 섞인 말을 한
다. 하지만 문제에 맞서거나 그녀를 화나게 하는 일에 적극적으로 대
처하지는 않는다.

　수지는 과거에 롭과 세 아들에게 집안일을 도와 달라고 요구했다.
그러나 그들은 잠깐만 도왔을 뿐 다시 옛날로 돌아갔다. 그녀 역시
다른 많은 부모들이 빠지는 함정에 빠진 것이다. 아이를 돌보는 엄마
의 역할을 하던 때가 한참 지났는데도 아직까지 그 역할에 빠져 사는

것이다. 결국 수지가 모든 일을 하는 것이 습관이 되었고 나머지 가족도 거기에 익숙해져 버렸다.

또한 수지는 죄의식도 느끼고 있다. 아이들 아빠와 이혼을 하고 새로운 남자가 집안에 들어왔기 때문이다. 그래서 그녀는 가족들에게 아무런 부탁을 하지 않음으로써 집안의 평화를 유지하려고 애썼다. 또한 그녀는 롭이 아이가 셋이나 있는 자신과 결혼해 준 것을 고맙게 여긴다. 그래서 더더욱 롭에게 일을 부탁할 수가 없다.

모든 사람은 행복할 권리가 있다

우리는 종종 도움을 청하지 못할 때가 있다. 마음속으로 그럴 만한 자격이 없다고 생각하기 때문이다. 그래서 우리는 우리 자신에게 주어진 어떤 일이 각자의 인생에서 떠맡은 몫이라 여기고, 주위에 있는 모든 사람을 행복하게 만들어 주려고 한다. 하지만 그러다 보면 분노만 쌓이고 결국에는 터져 버린다.

적극적인 자세는 이러한 근심이 존재한다는 사실을 인식하는 것이다. 그리고 자신에게는 남에게 부탁할 권리가 있고 행복해질 자격도 있음을 깨닫는 것이다. 결과를 우려하지 말라. 자신의 요구를 드러내고 그 요구가 확실히 충족되게 하자.

적극적인 행동

자신의 요구를 드러내는 첫 번째 단계는 자신이 정말로 원하는 바가 무엇인지 결정하는 시간을 갖는 것이다. 사실 이것은 말처럼 쉬운 일이 아니다. 그러나 이것이 제대로 안 되면 종종 소극적 공격성의 함정에 빠져 버린다. 그러므로 최종적으로 나타나기를 바라는 결과가 무엇인지 곰곰이 잘 생각해 보아야 한다.

만일 상대방이 일을 도와주는데도 편히 쉴 수 없다거나, 당신이 요리를 즐기는 사람이라면 주말에 요리하는 일을 상대방에게 떠넘기는 것은 좋지 않다. 자신의 요구를 분명히 드러내고자 한다면 먼저 상대방이 도와주었으면 하는 일의 목록을 적어 보라. 그런 다음 그중 어떤 일을 부탁할 것인지를 정하면 된다.

자신의 감정과 요구에 대해 목소리를 낼 준비가 되었다면 이 문제에 대해 절대적인 주도권을 갖고 말하라. "당신 때문에 … 기분이 들어요."라는 말 대신에 "나는 … 기분이 들어요."라고 하라. 한 예로 수지는 "내가 집안일을 다 해야 해서 속상해요."라고 할 수 있다. 또한 원하는 바를 말할 때는 그것을 정확하게 드러내야 한다. 수지는 "당신이 매주 목요일 밤에 식사 준비를 거들었으면 좋겠어요."라고 할 수 있다.

구체적으로 어떻게 도와 달라고 말해야 할지 모르겠다면 그 문제에 관한 상대방의 아이디어를 물어보는 것도 좋다. "주말에 식사 준비랑 청소를 다 해야 해서 너무 피곤해요. 당신이 나를 도와줄 수 있는 좋은 아이디어가 있나요?" 여기서 명심해야 할 것은 한 번에 하나씩만 부탁해야 한다는 것이다. 한꺼번에 너무 많은 부탁을 하면 혼란스러워지기 때문이다. 변화는 늘 조금씩 이뤄 가는 것이 좋다.

적당한 타이밍과 신체 언어도 열쇠가 된다. 상대방의 마음을 사로잡기에 언제가 가장 적당한 때인지, 가장 생산적인 시간인지 잘 생각해 보라. 직장에서 스트레스를 받은 날이나 밤늦은 시간에 말하면 대부분의 사람들은 달가워하지 않을 것이다. 언제가 말하기 좋은 시간인지는 아마도 당신이 제일 잘 알 것이다. 중요한 점은 대화를 긍정적으로 해야지 부정적으로 불평만 해서는 안 된다는 것이다.

신체 언어를 긍정적으로, 해결책을 찾는 방향으로 해야 한다는 것을 명심하라. 팔짱을 낀다거나 손을 비틀거나 흔드는 것은 금물이다. 뒷짐을 지지도 말아야 한다. 뒷짐은 상대방에게 반대한다거나 싸우자는 뜻을 전달하기 때문이다. 대화에 응하는 열린 동작을 취해야 한다. 또한 미소를 지어야지 너무 심각한 얼굴을 해서는 안 된다. 당신이 대화를 하는 목적은 거리꼈던 문제를 해결하기 위함이지 싸우자는 것이 아니라는 점을 기억하라. 목소리 톤도 정말 중요하다. 자신의 뜻이 잘 드러나도록 침착한 목소리로 말하자. 투덜거리거나 중얼거리거나 큰 소리로 공격하듯 말해서는 안 된다.

마지막으로, 너무 쉽게 포기하지 말라. 당신은 상대방이 알아듣게 설명하고 부탁했을 것이다. 하지만 그렇다고 해서 반드시 변화가 일어난다는 보장은 없다. 어쩌면 이 문제를 두고 평생을 싸워야 할지도 모른다. 상대방이 협조해 주지 않더라도 당신은 앞으로 어떻게 말하고 행동할지를 결정해야 한다. 예를 들어, "우리가 지난주에 대화를 나눈 다음 너무 실망했어요." 또는 "당신이 하기로 약속했던 것을 지키지 않는군요. 그래서 나는 …하기로 마음먹었어요."라고 말한다. 물론 이때 상대방이 약속을 지키지 않은 것에 어떻게 대처하기로 했는지 굳이 말하지 않아도 된다. 그 결정은 자신에게 하는 약속이지 위협이 아니기 때문이다(하지만 자신의 결정이 자신에게 해가 되지 않도록 해야 한다).

기억할 것

당신이 원하는 대로 되었을 때는 잊지 말고 고마움과 칭찬의 말을 하자. 누구나 고맙다는 말과 칭찬 듣는 것을 좋아한다.

● **"아니요"라고 말하기**

데이비드의 어머니 글로리아는 40년간 행복한 결혼 생활을 하다가 2년 전 과부가 되었다. 딸은 외국에서 살고 다른 아들은 아이들을 키우느라 바쁘다. 데이비드는 어머니 집 근처에 산다. 글로리아는 거의 매일 데이비드에게 전화를 한다. 그리고 통화를 하면서 집에도 종종 들르라고 한다.

데이비드는 어머니가 외로워한다는 것을 잘 알고 있다. 하지만 최근에 새로운 여자 친구를 사귀기 시작했기 때문에 어머니가 자신에게 너무 의지하는 것에 점점 화가 나기 시작한다. 그렇다고 해서 어머니의 마음에 상처를 주고 싶지는 않다.

데이비드는 어머니에게 미안한 마음을 갖고 있다. 그래서 아버지가 집에서 하던 일을 하면서 어머니를 도와 드린다. 처음에는 아버지가 너무 그리웠기 때문에 그 일을 하면서 즐거웠고, 어머니와 자신이 공유하는 기억을 나눌 수 있어서 좋았다. 즐겁게 했던 일은 이제 일상이 되어 버렸고 그 일을 그만두기가 어려워졌다. 하지만 이제는 새로 사귄 여자 친구와 더 많은 시간을 보내고 싶다. 그런데 어머니는 여전히 자주 전화하기를 바란다. 데이비드는 어머니가 원하는 대로 마지못해 하지만 새로운 여자 친구와의 관계가 어려워지고 있다.

이처럼 궁지에 몰린 상황에서 할 수 있는 선택은 두 가지다. 지금까지 해 왔던 대로 계속하든지 아니면 그 일을 그만두는 것이다. 어떤 결정이든 결과가 따른다. 하지만 그냥 내버려 둔 채 다른 사람에게 불만을 터뜨리는 것보다는 결정을 내리는 편이 낫다.

데이비드의 경우를 생각해 보자. 데이비드는 자신에게 의지하는 어머니 때문에 새로운 여자 친구와의 관계가 나빠져서 화가 나 있다. 그러면서도 어머니를 실망시키고 싶지는 않다. 그래서 데이비드는 어머니에게 자주 찾아뵐 수 없을 것 같다고 말하고 싶다.

적극적인 행동

가까운 가족에게 "아니요"라고 말하기가 걱정되고 죄의식을 느낀다면 이렇게 말해 보자. "이런 말을 한다는 것 자체가 걱정돼요. 왜냐하면 …을 실망시켜 드리고 싶지 않기 때문이에요." "정말 용기를 내서 이런 말을 하게 되었어요. 저는 … 정말 싫어요." "이런 말을 하기는 정말 죄송하지만 이제 저는 … 하지 않겠어요."

물론 상대방이 당신의 말에 반대하면서 "미안해. 그렇게는 못하겠어."라고 이야기할 수도 있다. 그 말에 당신이 구구절절 다시 설명할 필요는 없다. 그리고 상대방이 당신을 설득하려 든다면 당신은 그냥 했던 말을 반복하면 된다. 때로는 당신이 한 말을 이해시키기 위해 했던 말을 대여섯 번이고 반복해야 할 때도 있다. 일단 당신이 마음을 바꾸지 않으리라는 사실을 상대방이 받아들였다면 두 사람 모두에게 맞는 협상을 제안할 수도 있다. "하지만 토요일에는 들를게요."

물론 상대방이 분개해서 당신의 요구와 방식을 순순히 따르지 않을 수도 있다. 또한 당신에게 화를 내어 다툴지도 모른다. 그렇다고 당신이 그 사람의 행동에 책임을 질 필요는 없다. 당신이 그 사람의 행동에 책임을 지려고 하는 것은 어쩌면 위선일 수도 있다. 만약 당신이 항복한 채 상대방이 바라는 대로 하게 된다면 그에 따른 결과도 받아들여야 한다. 데이비드 역시 어머니가 자신의 삶에 간여하는 동안에는 여자 친구와 잘될 수 없다는 사실을 알고 있다.

기억할 것

가족에게 의사를 표현할 때도 신체 언어와 목소리 톤에 주의하라. "아니요"라고 말한다고 해서 목소리를 높이거나 공격적으로 행동하면 안 된다. 다정하게 대하라. 그 사람은 당신 가족이므로 앞으로도 좋은 관계를 유지해 나가야 한다.

● 비판 받아들이기

> 티파니와 폴은 최근에 새 아파트를 샀다. 가진 돈은 적지만 가구를 사고
> 집을 꾸몄다. 폴의 누나인 팸은 두 아들과 함께 종종 티파니와 폴의 아파
> 트에 들른다. 팸의 남편인 잭은 그렇게 자주 들르지는 않지만 올 적마다
> 티파니와 폴이 한 일을 비판하기 일쑤다. 잭은 그들이 꾸민 집을 비웃으며
> "저 장롱은 오래 못 가겠구먼."이라는 식으로 말한다.

티파니는 잭이 하는 말을 도무지 참을 수가 없다. 그가 집에 오는
게 끔찍하기만 하다. 하지만 티파니는 폴의 누나 때문에 화가 나도
말을 할 수가 없다. 그래서 소심하게 행동한다. 폴도 매형의 행동이
무척 거슬린다. 하지만 잭이 워낙에 거칠어서 일전에도 싸움으로 번
진 적이 있었다. 그래서 폴은 매형이 올 때마다 책을 들여다보며 일
절 입을 열지 않는다. 결국 이 상황을 티파니 혼자 다 처리해야 한다.
　잭이 하는 비판은 상대방을 헐뜯고 깎아내리는 것 외에 다른 목적
이 없다. 굳이 한 가지를 더 꼽자면 비판하는 잭 스스로 기분이 좋아
지려고 그러는 것이다. 보통 사람들은 자신의 말에 상대가 얼마나 상
처를 받았는지 지적당할 때 매우 당혹스러워한다. 하지만 잭은 괴롭
히기를 즐기는 사람이다. 심지어 처남을 쉽게 곯릴 수 있어서 매우
즐거워한다.

적극적인 행동

잭 같은 사람을 다루기 가장 좋은 방법은 유머다. 물론 화가 났을 때 유머로 답하는 것은 어려운 일이다. 하지만 티파니와 폴은 그가 집에 왔을 때를 대비해 그의 비판에 맞설 말을 미리 생각해 둘 수 있다. 즉, 둘은 역할 놀이를 하며 전략을 짜서 입을 맞춰 둘 수 있을 것이다. 이런 역할 놀이를 해 본 적이 없다면 어색할 수도 있다. 하지만 웃기는 말을 하든지, 할 말을 미리 연습하든지, 표정을 연습해 두면 견디기 어려운 상황에 대처할 수 있다.

이 방법 가운데 하나는 먼저 비판을 해 달라고 말하는 것이다. 가령, 집을 꾸민 다음 잭에게 문을 열어 주고 웃으면서 말한다. "좋아요. 이제 매형의 생각을 한번 들어 봅시다. 우리가 무엇을 잘못했는지 말해 주세요." 이때 조롱하는 투로 말하지 않도록 조심해야 한다. 조롱은 항상 공격적이고 폭력을 가하는 사람이 쓰는 전형적인 수법이기 때문이다. 이때 당신이 느끼는 분노와 다르게 말과 목소리 톤을 침착하게 해야 할 것이다. 잭같이 폭력을 가하는 사람에게 맞서려면 그 사람을 똑바로 쳐다보고 어깨를 편하게 늘어뜨린 채 자신감 있게 말해야 한다.

강하고 유쾌하게 비판할 수 있다면 부정적 적극성을 시도해 봐도 된다. "네, 우리는 초보자잖아요. 우리가 여기로 이사 올 때쯤이면 집 안 꾸미는 요령을 터득할 수 있을 거라고 생각했거든요." 그러나 이 말은 아주 강하게 해야 한다. 머뭇거리며 자기 비하를 하듯 말하면 폭력을 가하는 사람이 이기는 셈이 되기 때문이다. 그리고 그 사람은 올 적마다 괴롭힐 꼬투리를 잡기 위한 미끼를 끊임없이 던질 것이다.

괴롭히는 사람의 의도는 상대에게 상처를 주고 수치심을 느끼게 하는 데 있다. 하지만 자신이 기대하던 반응이 나오지 않으면 결국 그만둔다. 그러므로 그런 비난을 받게 된다면 그냥 웃어넘기며, "좋은 말 안 하시려거든 그냥 아무 말도 하지 마세요."라고 하면 된다. 만일 당신이 다른 누군가와 같이 있다면 괴롭히는 사람을 더 쉽게 놀릴 수 있다. 상대하기 어려운 친척이 있으면 친구더러 와 달라고 하고 어떻게 행동할지 간단히 전략을 알려 주면 된다.

괴롭히는 사람의 기분을 맞춰 주거나 논쟁하려 하지 말라. 당신이 방어적으로나 공격적으로 행동하자마자 그 사람은 자신이 이겼다는 사실을 즉각 알아챈다. 그렇게 되면 계속해서 당신을 깔보고 상처 주는 말을 아무렇지도 않게 할 것이다. 왜냐하면 그 사람이 바라던 반응— 당신을 불쾌하게 만드는 것— 이 나타났기 때문이다. 괴롭히는 사람을 피하려고 다른 방으로 가서도 안 된다. 폴의 행동은 정말 소심하고 문제 해결에 아무런 도움이 안 된다. 오히려 그런 행동은 잭 같은 사람이 힘을 가졌다는 것을 보여 주는 격이다.

기억할 것

가족은 멀리 가지 않는다. 얼굴에 철판을 깔고 괴롭히는 사람의 말을 듣지 말든지, 당신이 하고 싶은 말을 하든지 해야 한다. 누군가를 달래거나 피하면서 인생을 보내기보다는 상황에 대처하는 편이 훨씬 더 낫다.

● 칭찬 받아들이기

도나는 한 아이를 둔 싱글맘이다. 그녀는 학교 운영위원회 이사이자 정당에서 적극적으로 활동하는 당원이며 가정주부로 온종일 바쁘게 일한다. 최근 부모님을 만나 뵈었을 때, 아버지는 그녀가 매우 자랑스럽다고 말씀하셨다. 부모님은 딸이 아이를 사랑하며 잘 돌볼 뿐만 아니라 다른 사람들을 돕기 위해 애쓰는 것을 기뻐하셨다.

도나는 아버지한테 칭찬 듣는 일이 익숙지 않아서 곧바로 칭찬을 거부했다. 웃으면서 그런 말씀 하시지 말라고 한 것이다. 도나는 다른 사람에게도 그렇게 했다. 이처럼 누군가가 칭찬해 줄 때 보이는 거부 반응은 부끄러움을 덮기 위한 방어적 자세다. 하지만 칭찬을 거부하면 칭찬을 한 사람은 상처를 입고 다시는 그런 말을 하지 않을 것이다.

적극적인 행동

이런 종류의 사려 깊은 칭찬에는 다음과 같이 대답하는 것이 가장 이상적이다. "그렇게 말씀해 주셔서 고마워요. 덕분에 자신감이 생겼어요."

기억할 것

칭찬을 받아들일 때는 얼굴을 찡그리지 말고 미소를 보여라. 칭찬을 부정하지 말고, 부끄러우면 그냥 고맙다고 인사하라.

● 칭찬하기

나탈리에게는 열두 살이 된 딸 로지가 있다. 나탈리는 어린 시절에 폭력을 당한 적이 있어서 자존감이 낮고 아직도 낮은 자존감 때문에 고통스러워한다. 그녀는 딸이 똑같은 식으로 고통당할지도 모른다는 생각에 끊임없이 딸을 칭찬한다. 최근에 그녀는 딸이 이 때문에 짜증을 낸다는 사실을 알았다. 로지는 나탈리의 비판적인 말은 재빨리 알아듣고 고치지만 칭찬과 감탄하는 말은 무시해 버리는 것 같다.

대부분의 부모는 자녀가 자신감을 갖기를 바라고, 칭찬을 하면 공부든 운동이든 더 열심히 한다는 사실을 안다. 그러나 무분별한 칭찬은 불행한 결과를 초래할 수도 있다. 부모는 때때로 자신이 잘하지 못했기 때문에 자식이 잘하기를 바라는 마음에서 칭찬을 한다. 이렇게 하면 자녀는 그 분야에 소질이 없는데도 자신이 잘한다고 생각하게 된다.

로지가 비판에 주목하고 칭찬을 무시한 이유는 주로 자신이 받은 비판이 더 구체적이었기 때문이다. "바이올린을 똑바로 잡지 않았어."나 "글씨를 예쁘게 쓰지 않았구나."처럼 비판은 구체적이었던 반면, 칭찬은 모호하고 늘 똑같은 내용이었기 때문이다.

적극적인 행동

일반적인 칭찬은 무의미하다. 물론 상대방이 한 일에 대해 잘했다고 하거나 오늘 멋지다거나 하는 말도 괜찮기는 하지만 진심으로 마음에 드는 부분을 구체적으로 콕 집어 주는 것이 좋다. 한 예로 "너무 빤하지 않게 시의 운율을 잘 살려서 좋아."라는 칭찬이 "참 좋은 시야."라는 말보다 낫다.

이는 어른에게도 마찬가지로 적용된다. 앞의 예에서 도나의 아버지가 한 칭찬은 사려 깊고 솔직했다. 이런 칭찬이야말로 가치가 있고 오랫동안 기억에 남는다.

기억할 것

사람들은 종종 가족에게 고마움을 표현하고 칭찬하는 일이 불필요하다고 여긴다. 하지만 진심 어리고 구체적인 칭찬을 하면 가족 간에 화목해지고 자존감을 높인다.

● 요약

▶ 자신의 감정을 무시하는 것은 훗날을 위해 가슴속에다 쌓아 두는 것과 같다.

▶ 가족은 오랜 시간 자기 삶의 일부가 된다. 따라서 피하면서 살기 보다 적극적으로 행동하는 편이 낫다.

▶ 물론 이렇게 한다고 해서 성공한다는 보장은 없다. 하지만 남을 변화시킬 수는 없어도 자신은 변화된다.

▶ 당신의 행동을 바꾸면 다른 가족도 당신에게 다르게 행동할 것이다. 자신의 의사를 드러내면 다른 사람도 당신을 함부로 대하지 않을 것이다.

Chapter 6

친구 관계에서의 적극성

"어떤 친구도 침묵을 요구하거나
당신의 권리를 부인하지 않는다."
– 앨리스 워커Alice Walker

How to be
Assertive
in any situation

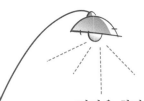

비판을 한다는 것은 우정에 가치를 둔다는 말과 같다.

'자신의 적극성 알아보기' 중 친구 관계에서의 적극성 점수는 얼마였는가? 당신의 친구는 절대 문제를 일으킨 적도 없고 유쾌하며, 당신에게 도움을 주고 동등한 우정을 나누는 사람인지도 모른다. 하지만 그런 친구라도 그에게 적극적으로 행동하는 것은 가족에 대해 적극적인 것만큼이나 어렵고 복잡할 수도 있다.

우리는 친구와의 관계에서는 '나의 본연의 모습'이 될 수 있다고 생각한다. 그러나 때로 친구와의 관계에서조차 즐겁지 않은 역할을 떠맡기도 한다. 이런 경우 친구와의 관계를 바로잡을 필요가 있다.

이 장에서는 친구와의 사이에서 일어날 수 있는 다양한 상황을 살펴보고 그것을 다루는 적극적인 방법을 제안하겠다.

● "아니요"라고 말하기

    드보라는 수년 동안 사라의 집 옆에 살고 있다. 드보라의 자녀는 대학을 다니느라 멀리 살고 있고 사라에게는 장애가 있는 어린 아들이 있다. 어느 토요일 아침 사라가 드보라의 집에 찾아와 다음 주 토요일에 아이를 봐 줄 수 있는지 물어본다. 그날이 20주년 결혼기념일인데 사라의 남편이 외식을 하자고 했다고 한다.

    드보라는 그날 밤에 동창회가 있다. 그래서 그녀는 도움을 줄 수 없다고 말하려 했으나 사라가 눈물을 터뜨리면서 애 봐 주는 사람이 아픈 데다 아이한테 장애가 있어서 다른 사람을 구하기가 어렵다고 했다. 사라는 드보라에게 오랫동안 서로 잘 알고 지냈고 아들도 드보라를 잘 따르지 않느냐고 말했다. 결국 드보라는 애를 봐 주기로 약속한다.

    당신이라면 어떻게 반응했겠는가? 이것은 우리가 적극성 수업을 할 때 쓰는 전형적인 역할극이다. 수업 중 대부분의 학생들은 자신의 약속을 포기하고 애를 봐 주겠다고 했다. 우리는 애를 봐 주겠다고 한 학생들에게 역할극에서 "안 돼."라고 말하라고 했는데도 그중 일부 학생은 여전히 상대방에게 설득당했다. 왜 그럴까? 바로 자신의 소망보다 다른 사람의 소망을 우선하면서 남들이 자신을 쓸모 있다고 여기며 좋아해 주길 바라기 때문이다.

    문제는 적극적으로 살기보다 남의 말에 순순히 따르며 살기가 더 쉽다는 데 있다. 그래서 "예"라고 하는 것이 습관이 되어 버린다. 이렇게 되면 사람들은 당신에게 늘 무언가를 기대한다. 그리고 당신이

"아니요"라고 했을 때 그들은 당혹해하면서 무슨 수를 써서라도 당신의 마음을 돌리려고 설득한다. 가령 부탁을 거절한다고 화를 내거나, 눈물을 흘리거나, 혹은 당신이 진 빚을 상기시키는 등의 수법을 쓴다.

당신에게도 권리가 있다

부탁을 하는 사람은 당신이 친구이기 때문에 요청할 권리가 있다고 생각한다. 물론 이 말은 사실이다. 하지만 당신에게도 "아니요"라고 말할 권리가 있음을 기억하라. 누군가의 부탁을 받았을 때 자기가 원하는 대로 반응할 권리가 있다. 하지만 우리는 남에게 친절히 대하기 위해 하고 싶지도 않은 일을 하는 경우가 빈번하다. 적극적인 사람 역시 다른 사람과 마찬가지다. 하지만 당신이 "아니요"라고 하고 싶을 때도 언제나 "예"라고 말한다면 사람들은 당신을 이용하려고 할 것이다. 이제는 제대로 판단해서 "아니요"라고 하는 법을 배워야 한다.

적극적인 행동

친구가 부탁을 할 때 들어주지 않겠다고 할 이유가 없다. 그렇다면 아무 문제가 없다. 다른 사람을 위해 일을 하면 기분이 좋아진다. 또한 우정이 깊다면 서로 부탁을 주고받을 수 있다. 그런데 부탁을 받았을 때 먼저 드는 생각이 '아니야. 이 일은 정말 하기 싫어.'라면 "미안해, 못하겠어."라고 하면 된다. 이유를 설명할 필요도 없다.

하지만 보통 이런 부탁에 대해 딱 잘라서 결정할 수 있는 것은 아니다. 드보라는 애를 봐 줄 수도 있다. 하지만 그녀는 동창회에 가고 싶었다. 만일 사람들이 당신을 쉬운 상대로 여긴다면 웬만해서는 포기하려 들지 않을 것이다. 그리고 당신에게 그렇게 중요한 일이 무엇인지 캐물으려 할 것이다. 그럴 때 그 이유를 말하지 말라. 당신이 무슨 말을 하든 상대방은 대안을 들이댈 것이고 당신은 다른 말싸움에 말려들게 될 것이기 때문이다.

그러므로 친구가 당신을 설득하려 할 때는 당신이 처음 했던 말을 반복하면 된다. "미안해. 안 되겠어." 또는 "미안해. 이번에는 그 일을 못하겠어."라고 한다. 어쩌면 당신은 친구가 당신의 뜻을 알아듣고 포기할 때까지 이 말을 대여섯 번이고 반복해야 할지도 모른다.

친구가 부탁을 할 때마다 먼저 생각해 볼 것은 "아니, 할 수 있을 거야. 하지만 나는 …을 하고 싶어."이다. 그리고 이에 대해 생각할 시간을 달라고 하자. 때로는 생각하는 데 별로 시간이 걸리지 않아 전화를 받고 나서 몇 분이 지나지 않아 답을 줄 수도 있다. 그러므로 드보라는 "생각할 시간을 좀 주겠니? 오늘 오후까지 알려 줄게."라고 했어야 한다.

다시 옛날 습관으로 돌아가서는 "그래."라고 말한 뒤 자신의 머리를 쥐어뜯으며 "안 돼."라고 말할걸 하는 후회가 든다면 친구에게 마음이 바뀌었다고 말하라. 그냥 "미안해. 마음이 바뀌었어. 그 일을 못하겠어."라고 말하라. 물론 한 번 "예"라고 말하고 나면 번복하기는 어렵다. 하지만 적극적인 사람은 마음을 바꾸기도 한다. 마음을 바꿨다고 해서 나쁜 사람이 되는 것은 아니기 때문이다.

신체 언어를 점검하는 일을 잊지 말라. 아래를 내려다보거나 불안하게 손발을 이리저리 움직이지 않는다. 명랑하고 분명하게 말한다. 친구가 눈물을 흘릴 수도 있겠지만 그때는 진심으로 친구를 위로해 주면 된다. 때로 이렇게 이야기하는 것도 도움이 된다. "나는 이 문제를 죽 생각해 봤어. 하지만…." 그러면 친구는 당신의 마음을 바꾸려고 설득하지 않을 것이다. 당신이 포기하지 않으리라는 사실을 받아들이면 이제 타협을 하면 된다. "만약에 네가 금요일 밤으로 예약을 옮길 수 있다면 그날은 애를 봐 줄 수 있어."라고 한다. 하지만 사람들은 항상 새로운 생각에 저항하는 경향이 있다. 그러므로 당신이 거절했다고 화를 낼 수도 있다. 그러면 "어쨌든 한번 생각은 해 봐. 나는 내가 할 수 있는 일을 제안했으니까."라고 말한다.

몇 주 동안 "예"라고 말해야 할 것 같은 기분이 들 때마다 그 일에 대해 의구심을 가지면서 잠시 결정을 멈추고 자신의 동기를 점검하라. 그런 다음 다른 사람이 싫어할까 봐 어떤 일을 하고 있지는 않은지 살펴보라. 만일 그렇다면 용기를 내어 "아니요"라고 하든지, 아니면 생각할 시간을 달라고 하라. 또한 친구가 당신을 어떻게 설득하려고 하는지에 주목하라. 이러한 행동에 익숙해지기까지는 연습을 해야겠지만 익숙해진다면 당신은 동네북이 아닌 좀 더 귀한 친구가 될 수 있을 것이다.

역할극

모든 어려운(한동안 당신과 문제가 있었던 사람과의) 상황에서 할 수 있는 최선의 방법은 누군가와 이 상황에 관련된 역할극을 하는 것이다. 매번 당신에게 부탁하는 친구에게 "안 돼."라고 말하고 싶지만 "그래."라고 말한다면 누군가에게 친구 역할을 해 달라고 하라. 그리고 "아니, 미안해. 그렇게 못하겠어."라고 말하는 연습을 하면 좋다. 역할극은 이 책에 소개된 대부분의 상황에서 매우 효과가 있는 기술이다. 역할극을 함께 해 줄 만한 사람이 없다면 거울 앞에서 연습해도 된다.

어떤 사람은 전화에 대고는 "아니요"라고 말하기가 쉽다고 한다. 통신 판매자와 전화로 연습해 보라. 상대방이 일장연설을 하기 전에 "아니요, 괜찮습니다. 저는 관심 없습니다." 하고 전화를 끊는다.

기억할 것

당신이 원치 않는 것을 하게 되는 올가미 효과는 상대방을 기쁘게 할지는 모르지만 당신 자신에게는 분노만 쌓인다. 이는 결국 우정에 부정적인 영향을 미친다.

● 비판하기

　　30대가 된 대니와 톰은 대학 때부터 친구다. 그들은 가끔 만나서 스누
커 게임을 하거나 헬스클럽에 같이 다닌다. 두 사람 모두 월급을 많이 받
지만 돈 계산을 할 때는 톰이 자주 낸다. 최근에 대니는 톰에게 돈까지 빌
리기 시작했지만, 톰은 우정이 깨질까 봐 돈 갚으라는 소리를 못한다.

　톰은 대니가 항상 돈을 아낀다는 사실을 안다. 사실 톰은 집을 사
려고 저축을 하기 시작했다. 그런데 대니가 만나자고 해 놓고 항상
돈이 없는 것처럼 행동해 화가 난다. 지금까지는 대니가 적은 돈만
빌렸기 때문에 톰은 돈 때문에 십년지기 친구를 잃을 수 없다고 되
뇐다. 대니가 살 차례가 되면 그걸로 농담을 던져 보지만 대니는 아
무리 암시를 줘도 알아차리지 못하는 것 같다.

　돈 문제는 가족이나 친구 관계에서 종종 어려움을 야기하는 민감
한 주제다. 사람들은 자신이 인색한 사람으로 비치는 것이 싫어서 이
문제를 입에 담기를 꺼리기 때문이다. 하지만 톰은 이제 둘이 같이
있을 때 대니의 행동에 주목하게 되었다. 돈 문제가 친구에 대한 태
도에까지 영향을 미치는 것이었다.

　톰은 소극적이어서 친구를 잃을 위험에 처했다. 그는 자신의 생각
을 대니에게 어떻게 말해야 좋을지 잘 모르기 때문이다. 하지만 비판
을 한다는 것은 우정에 가치를 둔다는 말과 같다. 단, 비판이 건설적

인지, 아니면 그냥 자신의 기분이 좋아지기 위해 하는 모욕인지를 잘 판단해야 한다.

적극적인 행동

무엇보다 먼저 정확히 무엇을 비판하려는지 결정해야 한다. 그런 다음 그것을 어떻게 말할지 정한다. 이때 어떻게 말할지를 매우 주의 깊게 생각해야 한다. 자칫하면 상대방의 자존감은 말할 것도 없고 그 외의 많은 것(이 경우 오랜 친구 관계)이 위태로워질 수 있기 때문이다. 대개의 경우 얘기를 꺼낸 당신의 기분이 얼마나 불안하고 걱정되는지 드러내는 것이 좋다. 감정을 드러내기 어렵다면 먼저 당신이 말하고자 하는 것을 알리는 편이 좋다. "너한테 이 말 하는 게 너무 걱정스러워." 혹은 "이 일이 우리의 우정에 영향을 미치지 않았으면 좋겠어. 하지만…"이라고 한다.

그리고 긍정적인 말을 하라. "우리는 오랫동안 좋은 친구였어." "나는 항상 … 좋았어." 그런 다음 당신을 화나게 한 것에 대해 말한다. 기억할 것은 너무 일반화시키지 말아야 한다는 사실이다. 당신이 비판하는 것은 행동이지 그 사람이 아니다. 따라서 톰의 경우 "너는 돈에 너무 인색해."라고 말하는 대신 "난 요즘 내가 낼 돈보다 더 많이 쓰는 것 같아."라고 한다.

그다음 상대방에게 대답할 기회를 준다. 상대방이 자신을 방어하고 그 사실을 부인한다고 해서 너무 놀라지 말라. 대부분의 사람은 비판을 받아들이기 어려워한다. "네가 맞아. 앞으로는 내 행동을 고칠게."와 같이 시인한다면 이는 흔치 않은 아주 놀라운 일이다. 하지만 대부분은 다음과 같이 말할 것이다. "그건 아니야. 지난주에 내가 너한테 … 샀잖아." 그러나 이렇게 말한다고 해서 논쟁을 시작해서는 안 된다. 당신은 하고 싶은 말을 했고, 친구는 그 사실을 들었다. 이제 그만 이야기해도 된다. 그냥 친구가 하는 말을 들어라.

당신에게 공격적인 성향이 있다면 자리에 앉은 다음에 비판하라. 그리고 목소리 톤을 낮추고 합리적으로 말한다. 만일 당신이 소극적인 성향의 사람이라면 그냥 서서 머리를 든 채 눈을 맞추고 또박또박 자신감 있게 말하라. 상대방이 화를 내고 기분 나빠 하며 분개할 수도 있지만 그것이 당신이 틀린 말을 했다는 뜻은 아니다. 당신이 다른 사람이 대응하는 법까지 도와줄 수는 없다. 하지만 상대방이 반응할 때 당신 자신을 방어하거나 상대방에게 공격적으로 대하지 않도록 해야 한다. 당신이 적극적이지 않다면 상당히 지치는 일이 되겠지만 연습을 하면 더 쉬워질 것이다.

마지막으로, 가볍고 좀 더 긍정적인 말로 끝맺도록 하라. "이 문제로 너와 이야기를 나눌 수 있어서 기뻤어." "이제 나한테 한잔 사는 게 어때? 너 아직도 한 10년은 갚아야 할걸?" 이 문제를 말한 뒤 한동안은 얼굴을 마주하기가 힘들겠지만, 그 결과가 어떻든 간에 자신이 하고 싶은 말을 한 것에 한결 기분이 좋고 마음이 편해질 것이다.

기억할 것

당신의 마음을 말로 표현했다고 해서 성공한다는 보장은 없다. 즉, 자신을 적극적으로 나타내 보인다고 해서 다른 사람이 바뀌는 것은 아니라는 뜻이다. 단지 이제 당신이 그 문제를 더 이상 염려하지 않는다는 의미일 뿐이다.

● 비판 받아들이기

이제 대니의 관점에서 이 사례를 살펴보자. 대니의 입장에서 보면, 그는 옛 친구와 스누커 게임을 하러 갔는데 갑자기 친구가 자기더러 인색하다고 따지는 셈이다. 대니처럼 '알뜰한 사람'은 보통 돈을 더 잘 쓰는 사람을 보면 사치를 하거나 잘난 체한다고 생각한다. 그래서 톰이 항상 술집에서 먼저 계산서를 받아 들기 때문에 대니는 그렇게 하도록 내버려 두었을 뿐이다. 톰이 돈을 잘 쓰는 것이 대니로서도 좋았다. 그리고 톰이 몇 번 돈 문제에 대해 알아듣기 어려운 농담을 한 것 빼고는 돈 문제를 언급한 적이 없었기 때문에 대니는 굳이 자신의 행동을 바꿀 이유가 없다고 생각해 왔다.

적극적인 행동

친구에게 비판을 받으면 숨을 크게 들이쉬고 친구가 하는 말을 주의 깊게 들어라. 누구라도 마음에 담아 둔 이야기를 할 때는 용기가 필요하기 때문이다. 그리고 당신에게 그렇게 말해 주는 사람은 친구이므로 친구의 의견을 믿는 것이 당신을 위해서도 또 우정을 발전시키기 위해서도 좋다. 비판을 받았을 때 당신이 보일 첫 반응이 방어적일 것이라는 사실을 염두에 두고 친구의 말에 열린 마음을 갖도록 노력한다. 그리고 친구가 한 말과 비슷한 말을 전에 다른 사람에게 들어 본 적이 있는지 생각해 보라.

비판을 다른 말로 풀어서 생각하라. 그러면 상대방이 말하고자 하는 바를 정확히 이해하기 쉽다. 이 사례에서 대니는 "네 말은 네가 항상 내 것까지 계산한단 말이니?"라고 되물어볼 수 있다. 그러면 톰이 "아니, 내 말은 내가 더 많이 계산한 것 같다는 뜻이야."라고 대답할 것이다. 일단 상대방의 말뜻을 정확히 파악했다면 그 비판이 정당한지 그렇지 않은지를 심각하게 고민해 봐야 한다.

당신의 행동을 정당화하는 것과 분개하는 마음을 자제하라. 이는 나중에 해도 된다. 지금 당장은 그 비판을 받아들일지 거부할지를 결정해야 한다. 만일 상대방이 한 말이 사실이라면 "응, 네가 나보다 더 자주 내는 것 같아."라고 말하면 된다. 그리고 자신을 정당화하고 싶다면 그 비판이 사실이라는 것을 인정한 다음에 하면 된다. 예를 들어, "나는 그게 문제 될 거라고 생각 못했어. 나는 네가 계산하는 걸 좋아하는 줄 알았어." 혹은 "미안해. 요새 내가 지금 사정이 별로 안 좋은데 너한테 말하고 싶지 않았어."라고 한다.

그리고 그 문제에 대해 어떻게 하려는지를 말하라. "앞으로는 내가 먹은 건 내가 계산한다고 약속할게." 혹은 "그게 습관이 돼 버려서 그러니까 앞으로 나한테 알려 줄래?"라고 도움을 요청해도 된다. 당신 스스로 바꿀 수 없을 것 같다면 (아니면 그럴 마음의 준비가 아직 안 됐다면) 이렇게 말하라. "내가 항상 돈 문제에 민감하다는 걸 알아. 그렇다고 이 성격이 바뀔 것 같지는 않아." 그런 다음의 일은 상대방이 결정할 문제다.

비판이 정당하지 않다고 여긴다면 공격적이지 않은 태도로 이렇게 말하라. "그 말은 사실이 아니야. 나는 … 하지 않았어." 친구가 한 말을 확실히 이해하지 못했다면 다시 한 번 말해 달라고 부탁한다. "그 말을 한 번 더 해 줄 수 있겠니?" (이렇게 하면 앞서 말할 때보다 목소리 톤이 한층 부드러워진다.) 만일 그 말에 동의는 하지만 일부만 사실이라 그것을 명확히 하고 싶다면 자신의 생각을 말한다. "맞아. 술집에서 내가 항상 먼저 내지는 않았어. 하지만 나도 내 식대로 계산했어." 이 때 화가 난다고 해서 공격적으로 말하지 않도록 주의해야 한다. 목소리를 낮추고 얼굴에 즐거운 표정을 지어라(아마도 웃게 되지는 않을 것이다).

기억할 것

당신이 진정으로 그 비판에 어리둥절해진다면 그 말을 그 친구에게 적용해 보라. 이상할 수도 있지만, 사람들은 자신의 잘못을 남한테 덮어씌우는 경우가 종종 있다.

● 칭찬 주고받기

"칭찬으로 시작된 친밀함은 진정한 우정으로 발전한다."

– 오스카 와일드Oscar Wilde

드보라는 학교 동창회에 가서 옛 친구 몇 명을 만났다. 그 친구들은 드보라에게 왁자지껄 떠들어 대면서 지난번 본 뒤로 살이 빠졌다고 한다. 한 친구는 드보라가 입은 드레스가 멋지고 색깔이 잘 맞는다고 칭찬한다. 드보라는 곧바로 친구들에게도 멋지다고 이야기한 뒤 자기 드레스는 저렴할 뿐만 아니라 자기 역시 살을 더 빼야 한다고 말한다.

친구가 칭찬할 때 당신도 이렇게 반응한 적이 있는가? 하지만 그렇게 말하면서도 당신은 기분이 좋았을 것이다. 이렇듯 자기 기분과 상관없이 자신을 비하하고 칭찬에 에둘러 말하는 경향이 있는가?

버려야 할 오랜 습관

누군가가 당신을 칭찬할 때마다 자신의 단점을 말하며 칭찬을 피하려 하는가? 이러한 당신의 행동은 사실 상대방을 존중하지 않는 것이다. 남을 칭찬하는 것은 어떤 사람에게는 몹시 힘든 일이다. 하지만 그 자신의 관대함을 알리는 행위다. 그렇다 보니 칭찬에 모순되는 말을 하는 것은 상대방이 보여 준 친절을 그 사람의 등에 대고 도로 던지는 셈이다.

우리는 다른 사람이 칭찬해 줄 때 "그렇게 생각하니?" 또는 "대충 해 본 거야."(그렇게 되기까지 사실 오랜 시간을 들였을 때)라고 말하기도 한다. 이는 정직하지 않은 행동일뿐더러 친구가 칭찬한 무언가를 좋아하더라도 좋다고 말하지 못한다. 보통 오랜만에 만난 친구와는 분위기가 서먹서먹하므로 그것을 깨려고 추상적인 칭찬을 하는 경우가 많은데, 드보라는 좀 더 구체적으로 드레스에 관해 칭찬을 받았다.

적극적인 행동

칭찬에 대한 최고의 반응은 기뻐하면서 그냥 고맙다고 인사하는 것이다. 드보라는 "정말 고마워. 처음 입어 본 건데 너희가 좋아해서 다행이야."라고 말하는 편이 나았다.

진정으로 친구를 칭찬하고 싶다면(첫 모임에서 웃으려고 하는 말이 아니라) 친구에게 칭찬을 듣자마자 상대방을 칭찬하는 것은 좋지 않다. "너희도 다 멋져."라는 드보라의 말은 칭찬을 들었기 때문에 억지로 하는 말에 가깝기 때문이다. 한편 이 반응은 이미 그 상황 속에서 허락된 것으로 그렇게 반응하지 않는다면 무례하게 보인다. 하지만 칭찬을 한다는 의미에서 보면 사실 이런 말은 거의 무의미하다. 차라리 나중에 칭찬할 기회를 기다리는 것이 낫다. 그리고 기회가 왔을 때 정말로 생각하는 구체적인 칭찬을 한다. 그렇지 않으면 칭찬을 들었기 때문에 자동으로 하는 말로 들릴 것이다.

칭찬에 반응할 때는 "정말 고맙다. 덕분에 오늘 기분 최고네." 혹은 "그렇게 말해 줘서 정말 고마워. 너 때문에 자신감이 생겼어."라고 한다. 이렇게 말하면 칭찬을 해 준 사람도 덩달아 기분이 좋아지고 아주 훈훈한 분위기가 조성되어 그 이후로도 계속 유쾌할 것이다.

누군가가 당신을 칭찬할 때 당신이 맨 처음 보이는 반응을 지금 당장 살펴보라. 당신은 웃음을 지으며 칭찬을 즐겁게 받아들여야 한다. 또한 칭찬을 받는 사람의 반응도 유심히 지켜보라. 사람들이 칭찬을 받아들이지 않고 즉각 그 말을 부인하거나 자기 비하를 한다는 사실에 놀랄 것이다. 칭찬을 받는 사람이 적극적인 사람이 아니라면 "아니야. 이건 아무것도 아니야."라고 말할 수도 있다. 이런 말이 마음에 들지 않더라도 당신이 상대방을 바꿀 수는 없는 노릇이다. 당신은 당신 자신의 행동만 바꿀 수 있다.

기억할 것

친구의 외모가 아닌 말과 행동을 칭찬하라. 그 사람의 좋아하는 면이 무엇인지 생각하고 그것을 말하라.

● 요약

▶ 적극적인 친구는 관계가 틀어질 수도 있는 일을 걱정하지 않고 자신의 마음을 드러낸다.

▶ 적극적인 친구는 서로에게 해가 되지 않는 논쟁을 하며, 타협하

고 협상할 줄 안다.

▶ 상대방 때문이 아니라 자신이 원하기 때문에 그렇게 한다.

▶ 부탁을 거절당한다고 해서 친구가 자신을 더 이상 좋아하지 않는다고 생각하지 않는다.

▶ 훌륭한 우정은 동등한 우정으로 비판도 서로 동등하게 주고받는다.

▶ 적극적인 사람은 친구에게 좋아하고 동경하는 점을 말해 주고 자신도 친구로부터 그런 말을 듣는다.

▶ 자신이 해 왔던 역할에 익숙해져 있기 때문에 친구와의 관계에서 적극적이기는 어렵다.

Chapter 7

직장에서의 적극성

"할아버지는 내게 세상에는 두 종류의 사람이 있다고 말씀하셨다. 하나는 일을 하는 사람이고 하나는 공을 받는 사람이다. 할아버지는 내게 첫 번째 사람이 되라고 하셨다. '첫 번째가 경쟁이 훨씬 덜하단다.'"

— 인디라 간디|Indira Gandhi

How to be
Assertive
in any situation

당사자가 없는 데서 그 사람 이야기를 하는 것은
무례한 일이다.

　많은 사람들은 친구나 가족 관계보다 직장에서 적극적으로 행동하기가 더 어렵다고 말한다. 당신은 가족의 이모저모를 잘 알고 있고, 친구는 서로 좋아해서 된 것이다. 하지만 직장은 다르다. 직장 동료는 단지 업무 시간 동안 같이 어울려서 일해야 하는 사람이다. 또한 직장에는 서열이 있어서 윗사람에게 명령을 받으며 들들 볶인다. 그러다 보니 잠재적인 좌절과 질투, 분쟁이 있을 수밖에 없다.

　재능과 능력에 맞는 직장에 다닌다고 해 보자. 이때 당신이 직장에서 행복해지는 데 필요한 것은 무엇보다 신임을 받고 가치를 인정받아 지원을 받는 일일 것이다. 이런 조건이 없다면 불만족과 분쟁이 일어날 가능성이 있다. 이 장에서는 어떻게 동료를 비판하고 정당한 비판을 받아들일 것인지, 어떻게 동료를 칭찬하고 승진을 요구하며,

부당한 요구에 어떻게 "아니요"라고 말하는지를 살펴볼 것이다.

비판하기

"아무것도 말하지 않고 아무것도 하지 않으며 아무 존재도 아닌 것처럼 하면 쉽게 비판을 피할 수 있다."

−아리스토텔레스

피터와 앤은 훈련 센터에서 일한다. 두 사람은 서로 잘 맞는다. 최근에 두 사람은 직장 동료를 위한 단기 코스를 짜는 프로젝트를 맡았다. 앤은 경영 팀 앞에서 할 프레젠테이션에 필요한 아이디어를 연구하느라 주말 내내 열심히 일했다. 그런 다음 피터에게 간략히 설명하고 같이 프레젠테이션을 하기로 했다.

프레젠테이션은 좋은 평가를 받았지만 피터는 앤에게 공을 돌리지 않았다. 한편 피터는 그 프로젝트에 온 힘을 쏟아 붓지 않았기 때문에 죄의식을 느끼고 있었다. 그는 면구함을 감추려고 프레젠테이션이 끝난 뒤 이렇게 말했다. "내 생각에는 기대했던 대로 잘된 것 같아. 이제 기다리면서 우리 아이디어가 채택되는지를 보자." 앤은 거슬렸지만 아무 말도 하지 않았다. 피터가 자신한테 그렇게 말했을 때, 그녀는 단지 사무실 사람들에게 민감하게 반응하면서 비꼬는 말을 했다.

앤은 야망이 있다. 그녀는 열심히 일하고 자신의 일을 즐긴다. 그녀는 종종 집에도 일거리를 가져가고 때로 밤늦게 혹은 주말에도 일을 한다. 그런데 왜 다른 사람들이 자신이 하는 일의 가치를 인정하지 않는지 이해할 수 없다. 피터는 멋진 데다 함께 일하기 즐거운 사람이긴 하지만, 앤은 그가 자기 몫의 일을 하지 않는다고 느꼈다. 그래서 최근에는 그와 함께 일하는 것이 힘들다고 생각한다.

앤은 몇몇 동료들에게 피터는 게으르고 사실 자신이 모든 일을 다 했다고 이야기했다. 하지만 그런 말을 직접 피터에게 하기는 꺼려졌다. 왜냐하면 그 말 한마디로 동료와의 우정을 잃기 싫고 사무실에 껄끄러운 분위기를 조성하고 싶지 않기 때문이다. 많은 사람들이 상대방의 면전에서 말하지 못하고 뒷담화를 하듯이 앤도 그렇게 행동했다. 그녀는 피터가 없는 데서 그의 험담을 해댔고 피터에게는 비꼬듯이 이야기했다.

다른 사람을 존중하라

다른 사람의 행동이 거슬리거나 당신을 화나게 할 때 당신에게는 상대방에게 행동을 고쳐 달라고 부탁할 권리가 있다. 하지만 그럴 때에도 상대방을 존중해야 한다. 심지어 비판을 할 때도 그래야 한다. 당사자가 없는 데서 그 사람 이야기를 하는 것은 무례한 일이다. 이는 소심한 행동이며, 절대 적극적인 행동이라고 할 수 없다. 만약 화가 나거나 성가신 일을 무시해 버린다면 당신의 인간관계는 파괴되고, 언젠가는 이 문제가 수면 위로 떠오르게 될 것이다.

적극적인 행동

피터와 앤이 처음 프로젝트를 맡았을 때 서로 허심탄회하게 대화를 나누었더라면 이런 모든 문제를 피할 수도 있었을 것이다. 앤은 피터에게 과거에 있었던 일을 지적하면서 이번에 공동 프로젝트를 할 때 같이 일할 수 있는지 물어볼 수도 있었을 것이다. 이렇게 부탁할 수 없다면 피터가 구체적으로 자신이 할 일을 스스로 말하도록 하는 편이 나았을 것이다. 앤은 "과거에 우리가 같이 일했을 때 나는 …을 느꼈어. 이번에는 일을 시작하기 전에 이 문제를 해결하는 게 나을 것 같아. 너는 어떤 준비를 했니?"라고 물었어야 했다. 물론 이 말은 공격적이지 않고 적극적으로 해야 한다.

피터에게 아무 말도 하지 않으면 앤은 이전의 상황이 반복되리라는 사실을 알고 있다. 문제를 내버려 둬 통제 불능 상태로 악화시키는 것보다는 상황에 직면하고 문제를 풀어 나가는 것이 낫다. 상대방을 비판하기 전에 모든 증거를 모아라. 그러면 당신의 말이 정당화될 것이다. 한동안 계속 화나고 짜증 났다면 그른 말을 하지 않도록 무엇을 말할지 미리 계획해 두도록 한다.

그다음 적당한 시간과 장소를 고른다. 다른 사람 앞에서 비판받으면 필연적으로 자신을 방어하거나 화를 내게 된다. 하지만 개인적인 공간이 마련된다면 훨씬 솔직한 반응을 얻게 될 것이다. 어떻게 하면 비판받는 사람의 괴로움을 최소화할 수 있을지를 생각해 보라. 이를 위해 은밀한 장소를 찾아볼 수도 있고, 별로 달갑지 않은 말을 할 것이라고 미리 언질을 줄 수도 있다. 그 사람의 입장이 되어서 생각해 보고 그 사람이 당신에게 어떻게 대해 주기를 바라는지도 생각해 보라.

신체 언어를 점검하라. 상대방과 너무 가깝거나 멀리 자리하지 말라. 편하고 친근하게 느낄 수 있도록 행동하며 말해야 한다. 단, 오해를 불러일으킬 수 있으므로 너무 싱글거리지는 말라. 말하고자 하는 바를 분명하게 전달하라. 이때 간청하거나 조롱하는 투의 목소리를 내지 않도록 주의해야 한다. 깊이 숨을 내쉬면서 마음을 안정시킨 뒤 상대방의 문제점을 이야기한다.

말을 꺼내기 전에 상대방을 화나게 할까 봐 걱정된다고 말할 수도 있다. 예를 들어 "이 말을 꺼내야 해서 많이 걱정돼."라고 한다. 여기서도 긍정-부정-긍정의 샌드위치를 쓰면 좋다. 긍정적인 말을 먼저 하고 그다음에 부정적인 말을 하며 마지막으로 긍정적인 말로 끝맺는다. 앤의 경우에는 다음과 같이 말한다. "내가 우정을 소중히 여기는 것을 너도 알 거야. 하지만 이번 프로젝트에서 네가 한 일은 …라고 말하고 싶어. …" 비판의 대상은 행동이지 사람이 아니라는 것을 반드시 잊지 말라(그러니 게으르다거나 믿을 수 없다는 말은 하지 않도록 한다). 한 번 비판했다면 그 말에 더해서 다른 욕은 하지 말라.

때로는 비판을 하는 사람에서 폭력을 가하는 사람이 되는 경우가 있다. 이때는 자신에게 힘이 있다는 사실을 즐기며 상대방에게 이를 계속해서 이야기하고 싶을 수 있다.

이즈음에 상대방에게 대답할 기회를 주면 좋다. 그렇다고 상대방이 유하게 나오리라는 기대는 하지 말라. 대부분의 사람들은 어떤 일이 절대적으로 맞다 하더라도 자신에 대한 비판에 적대적으로 반응한다. 이때 당신은 그 일과 관련된 몰랐던 사실을 들을 수도 있다. 그러면 상대방에게 되물어야 한다. "네가 하고 싶은 말은…?" 이제 상대방에게 구체적인 변화를 요청해야 한다. 아무 대안도 없이 일반적인 불평만 해대면 자신이 원하는 바를 상대방이 알아차릴 수 없다. 암시를 주지 말고 구체적으로 말하라. "앞으로는 네가 …했으면 좋겠어."

앤은 피터가 일에 대한 공을 자신에게 돌리지 않은 것을 언급하지 않았다. 비판은 한 번에 하나씩만 하는 것이 좋다. 적극적인 자세를 배웠다면 사소한 일에 신경 쓰지 않고 그냥 내버려 둘 것이다. 중요한 사안을 위해 에너지를 아껴야 하기 때문이다. 만약 자신이 제대로 이야기했는지 알고 싶다면 몇 시간 뒤에도 이 문제로 골치 아파 하는지를 보면 된다. 부당한 대접을 받았다든지 할 말을 못해서 밤잠을 설친 적이 있다면 용감하게 그 문제를 말하면 된다.

마지막으로, 결과에 대해 이야기하라. 변화에 대한 요구가 받아들여졌다면 긍정적인 결과이고, 그렇지 않다면 부정적인 결과다(상대방에게 말할지는 전적으로 당신에게 달렸으므로 어떤 것을 용납하고 안 하고는 자신이 알아서 정한다).

기억할 것

구체적이고 직접적인 비판은 당신이 관계를 소중히 여기고 있음을 보여 준다. 말하지 않는다면 저절로 나아지는 일은 없기 때문이다.

● 비판 받아들이기

앤은 피터에게 말하기로 용기를 낸다. 걱정이 되긴 하지만, 피터에게 그가 일을 별로 하지 않고 모든 일을 자신이 하도록 했다고 책망한다. 그러나 앤이 한 대부분의 일에서 피터가 공을 반이나 가져갔다는 것은 언급하지 않는다.

적극적인 행동

예상치 못한 비판을 받았을 때 이에 대응하는 가장 좋은 방법은 가능한 한 간략하게 말하는 것이다. 그리고 그에 대해 생각할 시간을 가진 다음 나중에 다시 만나 이야기하는 것이다. 그러므로 피터는 "이 문제에 대해서 생각해 봐야겠어. 이 문제를 나중에 이야기해도 될까?"라고 해야 한다.

그 문제에 대해 생각할 시간을 가졌다면 자신이 들은 말이 어떤 의미인지를 잘 이해해야 한다. 비판을 다른 말로 풀어 보자. 그러면 피터는 "네 말은 내가 항상 그런다는 뜻이니, 아니면 이번 프로젝트에서만 그렇다는 거니?"라고 물어볼 수 있다. 일단 이해가 됐다면 그 비판이 정당한지 그렇지 않은지를 자문해 본다. 비판에 고개가 끄덕여진다면 이를 인정하자. 그런 다음 이제는 어떻게 하겠다고 말하

라. "이제 다음 프로젝트부터는 내 몫의 일보다 더 많이 하겠다고 약속할게."

상대방이 말한 사실에 동의하긴 하지만 어떻게 해야 할지 모르겠다면 상대방에게 좋은 생각이 있는지를 물어보라. "그 말이 맞아. 그럼 내가 어떻게 했으면 좋겠는지 말해 줄 수 있겠니?" 만일 상대방이 한 말이 일부만 맞다면 동의하되 그렇지 않은 부분을 명확히 하라. "최근에 많은 생각을 했어. 나는 네가 대부분의 일을 해 줘서 정말 기뻤어. 하지만 나도 내 책임을 다했어."

만약 비판이 사실과 매우 다르다면 확신을 가지고 단호하게 거부한다. 예컨대 "아니요"라고 말하면 굉장히 강하게 거부하는 것이다. "아니야. 그건 절대 사실이 아니야." 상대방이 무엇을 말하는지, 혹은 실례를 들어 알려 달라고 부탁할 수도 있다. 또한 말을 할 때는 '너'보다 '나'를 사용해 문장을 시작하라. 예를 들어, "네 말은 틀렸어."라고 하기보다 "나는 네가 왜 이런 말을 하는지 이해가 안 돼. 예를 들어서 말해 줄 수 있겠니?"라고 하는 편이 낫다.

비판을 듣고 화나는 마음을 숨기고 싶더라도, 며칠 뒤 혹은 몇 주 뒤에라도 이것을 분명히 적극적으로 드러내야 한다. 들은 사실을 곰곰이 되새겨 보고 그 말이 정당한지 정직하게 평가해야 한다. 그리고 비판이 상처가 된다는 이유로 그 말에 반박하지 말아야 한다. 하지만 다른 누군가가 그 말을 했다고 해서 그 말을 있는 그대로 받아들여서도 안 된다. 확실치 않다면 그 말을 풀어서 다시 말해 달라고 하라.

"네 말은 …가 싫다는 거니?"

비판하는 사람의 신체 언어가 어떻든지 간에(비판을 할 때는 마음이 조마조마하거나 공격적이 되는 경향이 있으므로 신체 언어도 공격적이 되기 쉽다) 자신이 그 사람의 자세와 목소리 톤을 따라 하지 않도록 해야 한다. 자세를 편안히 하라(앉아 있으면 더 편안해질 수 있다). 목소리를 낮추고 천천히 또박또박 말하라. 계속 눈을 쳐다보고 말하면 공격적이 될 수 있으므로 가끔 눈을 맞추고, 아래쪽이나 방 이곳저곳을 쳐다보지 말라. 손을 입에다 대거나 머리를 만지작거리지 말라(머리를 만지면 불안해 보인다). 또한 팔짱을 끼거나 손가락으로 지적하지 말라(이는 공격적으로 보인다).

비판이 건설적이라면 비판하는 사람에게 고마워하고 그 사람의 이름을 불러 준다. 이는 적극적인 행동이다. "나한테 이 문제를 지적해 줘서 고마워, 앤. 나는 …를 알아차리지 못했어." 혹은 "정말 고마워. 내가 … 했어. 이 문제를 나한테 이야기해 줘서 고마워." 그런 다음 자신이 어떤 행동을 취할 것인지 말하면 된다.

기억할 것

이 문제를 바로잡는 데는 시간이 걸릴 것이다. 대부분의 사람들은 비판에 대해 적극적으로 행동하지 못한다. 특히 그 비판이 예상치 못한 내용이라면 더욱 그렇다. 비판을 듣고 화를 내거나 눈물을 흘렸다고 해서 너무 자책하지 말자. 그 일을 통해서 배우면 된다.

● 칭찬하기

앤의 상사는 그들의 프레젠테이션을 보고 감동을 받았고, 앤이 대부분의 일을 한 것이 아닌가 의구심을 갖는다. 하지만 그녀는 회사 부하를 칭찬하는 데 익숙지 않아서 아무 말도 하지 않는다.

사실 상사는 앤이 보여 준 뛰어난 프레젠테이션에 대한 노력을 귀하게 여기고 고마워한다는 것을 보여 줄 절호의 기회를 놓친 것이다. 그녀도 앤이 이 작업을 대부분 집에서 했고, 너그럽게 피터를 프레젠테이션에 끼워 준 것을 잘 알고 있었다. 사실 고마움을 표현하는 일과 칭찬은 그것이 진실되기만 하다면 칭찬받는 사람을 기분 좋게 하는 데 효과적인 방법이다.

누군가가 친절하고 면밀하고 사려 깊고 세심하게 일을 처리했을 때 이에 주목하고 칭찬하는 것은 돈 드는 일이 아니다. 그런데도 상대방이 자부심을 느끼게 해 준다. 하지만 누군가가 좋은 일을 하는 것을 보고서도 칭찬을 안 하는 사람도 더러 있다. 이것은 자신이 생각하는 것을 말로 할 수 있느냐의 문제다.

자신에 대한 열등감이 있으면 남에게 이런 생각을 전달하는 일이 어려울 수 있다. 그러므로 다른 사람을 칭찬하는 일이 어렵다면 스스로 왜 그런지 자문해 보자. 칭찬을 하려면 아량이 있어야 한다. 그러므로 상대방을 질투하거나 미워하거나 상대방에게 화가 나 있다면 칭찬하기 어려울 것이다.

적극적인 행동

누군가를 칭찬할 때는 구체적으로 해야 한다. "잘했어."는 아무 말도 안 하는 것보다 낫기는 하지만 좋았던 점을 발견하고 이를 구체적으로 평하는 것이 훨씬 더 가치 있다. 그러므로 앤의 상사는 "프레젠테이션을 위해 열심히 노력한 데 대해 고마워요.", "당신이 만든 요약물이 마음에 들었어요." 혹은 "그래픽이 아주 뛰어났어요."라고 말했어야 한다.

직장에서의 칭찬은 조화롭고 생산적인 업무를 위해 꼭 필요하다. 상대방을 비판할 때조차 좋은 면을 찾아서 이야기해 주는 것이 좋다. 그러면 상대방은 당신의 이야기를 훨씬 더 귀 기울여 듣는다. 칭찬에 후해져라.

누군가가 일을 매우 잘했거나 노력을 더 기울였을 때, 또는 이야기를 조리 있고 재미있게 할 때 종종 우리의 마음에 번민이 생긴다. "정말 훌륭하고 꼼꼼하게 일을 해냈어." "많은 노력을 했네." "이런 일이 일어날 줄 알았어." 누군가에게 놀라고 고마워하는 느낌이 들 때마다 그 사람에게 말하라. 가게 주인에게 상품 전시를 잘했다고 말하고, 동료에게 안전 운전을 해서 좋다고 하라. 친구에게 정직해서 마음에 든다고 말하라. 오늘부터 칭찬을 시작해 보자. 이는 훈련도 연습도 필요 없다.

기억할 것

적극적인 사람은 자신감이 있기 때문에 칭찬을 잘한다. 당신이 누군가에게 칭찬을 한다고 해서 당신의 공적을 빼앗기는 것은 아니다. 그러니 관대하고 정직하게 구체적으로 칭찬하라.

● 원하는 것 요구하기

쉰 살인 메건은 사회복지사다. 아이들이 어렸을 때 일을 그만둔 뒤로 한참 만에 이 일을 다시 시작했다. 비록 일을 오랜만에 다시 시작했지만 그녀는 잘 해내고 있다. 그녀는 처음 업무 설명을 들었을 때보다 훨씬 더 일이 힘들게 느껴졌다. 하지만 승진을 해서 월급을 더 많이 받아야겠다는 생각도 든다. 그녀는 적극적이다. 하지만 문제가 있다. 상사를 대하기가 어렵고 상사가 어떻게 행동할지 도무지 예측할 수가 없다는 것이다.

어느 날, 상사에게 승진을 시켜 달라고 말하려고 작정하고 사무실로 들어갔는데 전화가 울린다. 하지만 아무도 받는 사람이 없다. 그녀는 동료인 제임스에게 아침 인사를 했지만 그는 대꾸가 없다. 직속 상사는 그녀에게 메모를 하나 남겼다. 읽어 보니 그녀가 하는 일에 한 가족을 더 추가할 수 있는지를 묻는 것이다. 이메일을 확인하니 스웨덴에서 오는 복지단 앞에서 프레젠테이션하라는 내용의 메일이 와 있다.

우리가 때로 직장에서 느끼는 중압감에 스트레스를 받는 이유 중 하나는 한꺼번에 너무 많은 일이 밀려오기 때문이다. 한 번에 한 문제씩만 다룰 수 있어도 적극적으로 행동하기가 훨씬 더 수월할 것이다.

또한 가정이 무난하게 돌아가고, 시원한 공기를 마시며 운동하고, 영양식을 먹고 잠을 잘 잘 수 있어도 이런 일에 더욱 잘 대처할 수 있을 것이다. 하지만 현실은 그렇지 않다. 한 번에 한 가지 문제만 터지는 경우는 거의 없다. 그래서 직장과 가정에서 문제가 발생할 때마다 최선을 다해 문제들을 처리해 나가야 한다.

메건이 사회복지사로서 자신의 능력에 자신감이 없다거나 적극성이 없다면 아마도 곧장 쏜살같이 전화를 받으러 갔을 것이다. 그리고 제임스에게 (자신이 무슨 일로 그를 화나게 만들었는지에 의아해하면서) 미안하다고 사과했을 것이다. 그리고 안 그래도 신경 써야 할 가족들이 많은데 일이 더 늘어나서 화가 났을 것이고, 프레젠테이션을 해야 한다는 사실에 눈앞이 캄캄해졌을 것이다. 그러다 보니 승진시켜 달라는 말은 입 밖에 꺼내 보지도 못했을지 모른다. 자, 이제 메건이 어떻게 이 문제들을 처리해 나가는지 보자.

적극적인 행동

적극적인 메건은 사무실 안으로 자신감 있게 들어가 유쾌한 미소를 지으며, "샘, 저 전화 좀 받아 줄래요?"라고 부탁한다. 잠깐 멈추고 그가 전화를 받는지 확인한다. 그녀는 한 사람에게 구체적으로 지시를 내렸는데 이렇게 하면 행동을 유발하기가 더 쉽다. 만일 그녀가 "누구 전화 좀 받아 줄래요?"라고 했다면 아무도 자신이 해야 한다고 느끼지 못했을 것이다.

만일 메건의 경우처럼, 당신이 인사를 건넸는데 상대방이 당신한테 짜증을 낸다면 이를 무시하거나 "오늘 당신은 혼자 있어야겠군요."라고 맞받아칠 수도 있다. 하지만 상대방의 기분이 안 좋다고 이를 사적으로 받아들이지 말라. 그리고 "성가시게 해서 미안해."(이 말은 목소리 톤에 따라 소극적이거나 비아냥거리는 말로 들릴 수 있다)라는 말도 하지 말자. 다른 사람이 기분 나쁠 때 사과하는 경향이 있다면 지금 당장 그 습관을 버려라. 남의 문제는 내 탓이 아니다.

메건은 상사가 남긴 메모를 들여다본다. 그리고 잠깐 그 자리를 떠나서 생각할 시간을 가져야겠다고 결정한다. 기억할 것은 모든 이메일과 메모에 즉각 움직여야 할 필요는 없다는 사실이다. 메건은 상사와 만나기로 약속을 잡는다. 직장에서가 아니더라도 중요한 문제를 논의해야 한다면 약속을 잡도록 하라. 메건은 기다리는 동안 최근에 자신이 잘했던 일을 떠올리면서 스스로 침착하고 자신감이 있는지 점검한다.

메건은 작년의 성과뿐만 아니라 자신이 한 일에 대한 증거를 모두 모은 뒤 상사를 만날 준비를 한다. 그리고 직속 상사가 업무에 대해 칭찬한 이메일과 고객들이 자신들을 위해 일해 주어서 고맙다고 보낸 편지도 따로 저장해 둔다. 비슷한 직급의 다른 직원들이 처리하는 업무량에 대한 정보를 모으고, 자신에게 추가로 부가된 일이 얼마나 많은지를 비교할 수 있도록 한다. 이처럼 승진이나 급여 인상을 요구할 때 증거를 모으는 것은 아주 유용한 방법이다. 이러한 증거를 사용하지 않을 수도 있지만 필요할 수도 있으므로 미리 준비해 둔다.

신체 언어를 점검하라. 똑바로 앉으며 몸을 조금 앞으로 숙여도 괜찮고 양발은 모두 바닥에 댄다. 손을 얼굴에 가까이 대지 않도록 하고 팔짱을 끼지 말라. 숨을 깊이 들이쉬고 분명하지만 너무 빠르지 않게 말하라. 자신의 신체 언어를 적절히 표현하고 단시간(적어도 15초) 계속 눈을 마주친다. 처음에는 많은 것을 기억해서 행동해야겠지만 두 번째부터는 자연스럽게 할 수 있을 것이다.

이제 "이 문제를 깊이 고려해 주신 다음 저에게 답을 주십시오."라고 말한다. 이렇게 말하면 상사는 당신이 한 말을 경솔하게 다루지 않을 것이다. 그리고 나서 "지금까지 제가 한 일을 보면 월급 인상/승진을 받을 정도가 된다고 믿습니다."라고 말한 뒤 상사의 대답을 기다린다. 그런 다음 자신이 그렇게 말한 이유를 간략하게 설명한다. 만약 상대방이 부정적인 것 같다면 당신이 말한 것을 반복하라.

하지만 상사가 "그래요."라고 즉각 말하기는 거의 어려울 것이라는 사실을 잊지 말라. 여기서 당신의 목적은 당신이 원하는 것과 그 이유를 말하는 것이다. 상사가 이 문제에 대해 생각해 보겠다고 하면 이는 좋은 결과다. 이야기를 들어줘서 고맙다는 인사로 마무리한다. "이런 기회를 주셔서 감사합니다." 그런 다음 또다시 약속을 잡고 상사가 내린 결정을 논의하자.

마지막으로, 제안이 받아들여지지 않았을 때 어떻게 할지 결정하라. 메건은 다른 직장을 구할 때까지 사직할 수 없다는 사실을 잘 알고 있다. 하지만 이미 더 높은 월급을 주는 직장을 몇 군데 알아 두었고, 상사가 자신의 요구를 들어주지 않을 경우 다른 직장에 지원해 보리라 마음먹었다. 상사에게 "직장을 그만두라고 협박하지 마세요."라고 말하지 말라. 단지 지금보다 좀 더 월급을 많이 주는 곳을 알아보자고 자기 자신에게만 약속하면 된다.

메건은 자신의 책상으로 돌아와서 프레젠테이션을 준비한다. 많은 사람들 앞에서 하는 발표는 몹시 두려운 일이다. 하지만 두렵다고 해도 이런 프레젠테이션은 더 많이 자주 하는 것이 좋다. 메건은 이 일을 전에도 했었기 때문에 많은 연습을 해야만 더 쉽게 할 수 있다는 사실을 안다. 이제는 얼마나 두려운지, 떨리는지, 땀이 나고 얼굴이 붉어지는지는 상관없다. 이 일로 죽지는 않을 것이다. 두려움을 극복하는 유일한 방법은 그 일을 하는 것이다. 메건은 프레젠테이션을 자신이 알고 이해하는 것을 보여 줄 절호의 기회로 여긴다. 이는 그녀의 승진에도 도움이 될 것이다. 두려움을 진정시키려면 내용을 숙지하고 준비를 잘하며 거듭 연습하면 된다.

기억할 것

많은 사람들이 적은 월급에 자족하며 산다. 자신의 가치를 낮게 평가하기 때문에 감히 월급을 올려 달라고 요구하지 못하는 것이다. 물론 당신이 요구했다고 해서 그것을 얻는다는 보장은 없다. 하지만 침묵을 지켰을 때보다 더 자신감이 생길 것이다.

"아니요"라고 말하기

메건은 새로 맡으라는 가족 일은 이미 하는 일이 너무 많아서 하기 어렵다고 결정한다. 그녀는 자신감이 있고 능력도 있으며 업무를 잘 수행할 뿐만 아니라 적극적이다. 그래서 "아니요"라고 말할 자격이 있고 이에 대해 미안해할 필요가 없다고 생각한다. 메건은 비록 직속 상사가 달가워하지 않겠지만 그 일을 할 수 없다고 말하려고 한다.

어떤 일을 하라는 명령을 받았을 때 보통 "아니요"라고 말하기는 어렵다. 뒷일이 걱정되기 때문이다. 즉, 상대방의 기분을 다치게 할 것이 염려되고 상대방이 화낼까 봐 걱정한다. 또한 자신이 요청을 거절하면 무례하고 이기적인 사람으로 비칠까 봐 걱정한다. 직장의 경우 업무에 대한 계약을 했기 때문에 일을 거절할 권리가 없을지도 모른다. 하지만 요청받은 일에 문제가 있다는 것을 말할 권리는 항상 있다. 그런 다음 자신이 받아들일 만한 결과에 대해 협상해야 한다.

적극적인 행동

직속 상사를 만나기로 약속을 잡기 전에 메건은 요청받은 새 일에 대한 정보를 모은다. "아니요"라고 말할 때는 언제나 자료를 찾아서 요청받은 일을 정확히 이해하고 자신에게 어떤 의미가 있는지 생각해 봐야 한다. 자신감이 없어서 "아니요"라고 하지 않도록 해야 한다 (예를 들어, 메건이 프레젠테이션이 겁나서 안 하겠다고 말하는 경우다). 무서워서 항상 "아니요"라고만 하면 절대 일을 배울 수 없다. 확실하게 결정하지 못했다면 생각할 시간을 달라고 하는 것을 잊지 말라.

메건의 즉각적인 반응은 더 많은 일은 감당할 수 없다는 것이었다. 자신이 떠맡아야 할 일을 조사해 봤을 때 자신의 생각이 옳다는 것을 깨달았다. 이 경우에는 그 가족이 도움이 필요하지 않아서가 아니라 자신이 그 일을 할 수 없기 때문이라고 말해야 한다. 적극적인 사람이라면, 다른 사람도 도움이 필요하겠지만 자기 자신의 요구도 똑같이 중요하다는 사실을 말할 수 있어야 한다.

일단 "아니요"라고 말하기로 마음먹었다면 거절은 짧고 직접적으로 한다. 무뚝뚝하거나 공격적으로 말하지 말고 침착하고 안정적인 목소리로 분명하게 거절하자. 먼저 자신의 기분이 어떤지를 드러낸다. "이런 말씀 드려서 죄송하지만 더 이상 다른 일을 맡기가 어려울 것 같습니다." 상대방이 당신을 설득하려 든다면 그때는 말의 속도를 늦추고 더 짧은 말로 같은 문장을 반복하면 된다. "더 이상 일을 못 맡겠습니다."

거절이 받아들여진다면 대안이나 타협안을 낼 수도 있다. 하지만 이때 이전 건으로 되돌아가서는 안 된다. "하지만 …는 하겠습니다." 화제를 바꾸거나 다른 말을 하면서 대화를 끝맺는다.

기억할 것

부탁받은 일에 대해 "아니요"라고 말할 수 있으려면 당신의 요구가 다른 사람의 것만큼이나 중요하다는 사실을 믿어야 한다. 모든 일에 "예"라고 말하는 사람은 일을 그르치거나 병가를 내게 될 것이다.

● 요약

▶ 자신의 일에서 만족감이나 성취감을 느끼지 못한다면 남은 인생 동안 행복하기 어렵다.

▶ 자신의 재능과 능력에 맞는 일을 찾는 것도 중요하지만 발전하고 배울 기회를 갖는 것도 중요하다.

▶ 진보와 배움은 재능을 인정받고 필요할 때 도움을 요청할 수 있다는 자신감이 있는 환경에서 형성된다.

▶ 직장에서 행복하지 않다면 문제를 마음속에 담아 두지 말고 이야기한다. 아니면 다른 가능성을 찾아본다.

▶ 부당하게 비판받았을 때 자신을 변호하기 시작했다면 원하는 것을 요청한다. 그리고 불합리한 요구에 "아니요"라고 말하고, 칭찬을 받아들인다. 그러면 다른 사람에게 존중받고 자신을 귀하게 느끼게 될 것이다.

Chapter 8

좋은 서비스를 받는 법

"조금 더 가라. 거기는 붐비지 않을 것이다."

– 애논Anon

How to be
Assertive
in any situation

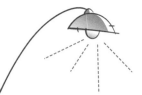

나쁜 서비스로 스트레스를 받는 이유는
자신이 원하는 것을 적극적으로 말할 줄 모르기 때문이다.

우리는 흔히 나쁜 서비스를 받거나 직업 정신이 없는 사람을 만나
거나 물건을 강매당한다. 또 모든 일이 제대로 돌아가기를 바라지만
그렇게 되지 않을 때 스트레스를 받고 화가 난다.

좋은 서비스를 받으려 할 때는 자신의 권리를 아는 것이 중요하다.
또한 자신감을 갖고 원하거나 원치 않는 것을 결정하고 상황을 통제
할 수 있어야 한다. 그렇게 된다면 싸움을 피할 수 있고 더 큰 힘과 권
위를 가진 사람에게 좌우되지 않을 것이다.

이 장에 있는 각각의 사례에서는 적극적인 방식을 통해 얼마나 더
나은 서비스를 받을 수 있는지를 보게 될 것이다.

● 원하는 것 요구하기

　　그랜트는 나무 소재로 된 거실 바닥을 맞추기로 했다. 그는 동네 점포에서 참나무 바닥재를 주문하고 계산까지 마쳤다. 그런데 두 번이나 예약을 했는데도 조립하는 사람이 오기로 한 날짜에 나타나지 않았다. 전화를 해보니 판매 보조원이 다음 주 초로 날을 잡고 그때 일을 시작할 것이라고 했다.

　　새로운 날짜에 바닥재 공사를 했지만 일은 다 끝나지 않았다. 인부가 다른 일을 하러 가야 한다는 것이었다. 그러면 앞으로 열흘 뒤에나 일이 끝날 판이었다.

　　그런데 공사를 하느라 바닥에 생긴 흠이 한 달 뒤 큰 문제가 되었다. 나무가 휘어져서 한쪽이 튀어나와 버린 것이다. 그랜트는 미칠 것만 같았다.

　　과거의 부정적인 경험 때문에 그랜트는 무력하고 포기를 잘하는 사람이 되었다. 그래서 자신은 일에 대한 영향력이 없다고 생각하여 그런 상황에 대해 어떤 시도조차 하기를 꺼렸다.

　　먼저 그랜트는 새로운 날짜가 자신에게 가장 안 좋은 날임에도 이를 받아들였다. 그럼으로써 그는 자신의 영향력을 상실해 버렸다. 그는 굳이 자신이 원하는 날짜를 관철시켜 다시 바닥을 맞추고 싶지 않았던 것이다. 그렇게 그랜트는 자신이 원하는 날짜를 포기했다.

　　바닥 일이 끝났을 때도 똑같은 사태가 벌어졌다. 그 주에 다른 인부를 데려와서라도 바닥 일을 끝내라고 주장하는 대신, 인부의 변명을 받아들이고 열흘이나 더 기다렸다. 처음 바닥에 생겼던 흠을 처리

할 때도 마찬가지였다. 문제가 점점 커질 때까지 그 흠은 그랜트에게
는 사소한 일에 불과했다. 하지만 풍선은 부풀어 오르다가 결국 빵
하고 터져 버렸다.

그랜트 스스로 상황을 악화시킨 것이다. 그리고 그는 그 문제로 스
트레스를 받았다. 결국 그랜트 같은 사람이 나쁜 서비스로 스트레스
를 받는 이유는 자신이 원하는 것을 적극적으로 말할 줄 모르기 때문
이다. 이제는 바뀌어야 할 때다!

적극적인 행동

기대했던 서비스를 받지 못할 때는 상대방의 변명과 상관없이, 자
신의 뜻을 포기하기 전에 자신이 원하는 것을 결정해야 한다. 일단
자신이 원하는 일을 파악했으면 분명하게 자신의 뜻을 잘라 말하면
된다. 다음과 같이 말하라.

- "저는 …을 하고 싶습니다."
- "저는 …이 필요합니다."
- "저는 …을 원합니다."
- "저는 …을 가져야 합니다."

원하는 것을 얻을 수 있는 또 다른 효과적인 방법은 다른 사람의
도움을 구하는 것이다.

"저는 …을 원합니다. 당신은 …을 어떻게 도와주실 수 있나요?"

"저는 이번 주말까지 …이 필요합니다. 제가 어떻게 하면 받을 수 있는지 말씀해 주시겠어요?"

예를 들면, 그랜트는 이렇게 말했어야 했다. "이번 주 목요일이나 금요일까지 마루를 다 맞춰 주십시오. 이날밖에 시간이 되지 않습니다. 그럴 수 있도록 해 주시겠습니까?"

원하는 것을 요구한 다음에는 아무 말도 하지 말고 상대방의 반응에 귀를 기울인다. 어쩌면 상대방은 당신이 원하는 대로 못 해 준다고 할 수도 있다. 아니면 받아들여야 할지 확신이 서지 않는 다른 안을 내놓을 수도 있다.

상대방이 말한 것을 받아들이기보다 필요하다면 시간을 갖고 자신이 생각하는 방법들을 검토해 보라. "거기에 대해서는 생각을 해 봐야겠습니다. 다시 연락드리죠."라고 말하면 된다. 이렇게 하면 상대방의 생각이나 변덕에 좌지우지되지 않고 자신이 상황을 통제할 수 있다.

타협을 해야 한다면 받아들여라. 어떤 경우에는 당신이 찾는 해결책이 불가능할지도 모른다. 그랜트는 매주 목요일과 금요일에 쉰다. 그래서 그는 그날 마룻바닥 일을 하기를 바랐다. 이 사실을 판매 보조원에게 말했더라면 이번 주 목요일과 금요일에는 어렵더라도 그다음 주 목요일과 금요일에 시간을 맞출 수도 있었을 것이다. 완벽한 해결책은 아니지만 다른 날에 휴가를 받는 것보다는 낫다.

원하는 바를 분명하게 구체적으로 말했다고 해서 그것을 얻는다는 보장은 없다. 하지만 다른 사람이 당신의 요구를 이해하고 합의하기는 훨씬 쉬워진다.

바닥 자재에 생긴 작은 문제가 크게 불거진 일에 대해서는 어떻게 해야 했을까? 자신에게 권리가 있다는 사실을 잊지 말라. 첫 번째로, 소비자에게는 개인적인 권리가 있다. 자신이 공정하게 대우받을 권리가 있다는 사실을 믿는다면 권리를 보상받고자 노력해야할 것이다.

두 번째로, 소비자에게는 법적인 권리가 있다. 가게 주인, 중개인, 미용사 등 누구하고든 간에 분쟁이 생겼을 때는 자신의 법적인 권리에 따라 일을 처리해야 한다.

영국의 물품 배달과 서비스 조항 1982를 보면 악덕 장사꾼과 질이 나쁜 서비스로부터 소비자가 보호를 받도록 되어 있다. 이는 순수한 서비스뿐만 아니라 일과 물건에 대한 계약까지 포함한다. 자신의 권리를 알고 싶다면 소비자 보호 관련 웹사이트를 찾아보거나 소비자 보호 기관에 문의하면 된다.

문제가 심각하다면 법적인 행동을 취할 수도 있고, 아니면 심한 스트레스를 피하기 위해 그 문제를 내버려 두거나 다른 사람을 통해 일을 마무리 지으면 된다. 이는 적극성에서 매우 중요한 부분이다. 바로 자신의 뜻을 드러내지 않겠다고 작정하는 것도 적극성이기 때문이다. 물론 그렇게 내버려 둔 데 대해서는 스스로 책임을 지고 대안을 찾으면 된다.

기억할 것

기대했던 서비스를 받지 못할 수도 있다. 그러나 원하는 것을 말할 수 있다는 자신의 권리를 알면 협상에서 우위를 점할 수 있을뿐더러 자신의 요구도 충족시킬 수 있다.

● 비판하기

폴라는 자신이 사는 지역의 대학에서 필수 과목을 듣기 시작했다. 내년에 축산학 학위를 가진 사람이 지원할 수 있는 직장에 들어가려면 그녀는 이 과목을 꼭 이수해야 한다. 그런데 수업을 듣던 학생 세 명이 점점 말썽을 피우기 시작했다(수업 시간에 늦고, 떠들고, 다른 학생을 방해했다). 폴라는 복도에서 교수를 마주치자 교수에게 학생들이 너무 소란스러워서 수업에 집중하기가 어렵다고 머뭇거리며 불평했다. 그리고 그녀는 주저하면서 중얼거렸다. "저기, 교수님께서 그 학생들한테 제대로 하라고 말씀 좀 해 주시겠어요?" 하지만 교수는 아무도 그런 불평을 하지 않았다면서 폴라의 걱정을 심각하게 받아들이지 않았다. 폴라는 침묵 속에서 괴로워했다.

폴라는 자신감이 없어서 불만을 제대로 말하지 못했다. 그녀는 자신이 그런 말을 할 만한 능력이 없다고 생각했기 때문이다. 교수의 태도 역시 도움이 되지 못했다. 그가 제대로 귀 기울여 들었다면 폴라의 걱정을 신중하게 다루었을 것이고, 그녀도 훨씬 더 쉽게 자신의 생각을 드러냈을지 모른다.

어른이 되면 늘 알아 왔던 사실에 기초해 판에 박힌 생각과 행동을 하기 쉽다. 그래서 폴라는 교수에게 자신의 생각을 이야기하는 대신 질문이나 비판을 하지 않고 모순점도 말하지 않는 학생의 모습으로 돌아가 버렸다. 폴라는 자신감이 없었고, 자신이 호소한 걱정거리를 거부당하고 문제를 일으키는 것으로만 여겼다. 그래서 그녀는 더 이상 하소연하지 않았다.

적극적인 행동

만일 폴라와 같이 자신의 생각을 드러내는 데 익숙지 않다면, 불만을 계속 드러내다가 오히려 이도 저도 안 될까 봐 걱정할 수 있다. 하지만 적극적인 사람은 자신이 얼마나 두렵고 걱정이 되는가에 초점을 맞추지 않는다. 오히려 두려움과 걱정이 있음에도 다른 사람과 상황에 어떻게 대처해 나가는지에 초점을 맞춘다. 만일 아무것도 하지 않는다면 그 상황에서 계속 스트레스를 받을 것이고 앞으로의 계획에도 영향을 미치게 된다는 사실을 염두에 두라. 그러므로 아무리 걱정이 되더라도 자신의 생각을 말해야 한다!

폴라와 같은 상황에서 자신감을 키울 방법이 있다. 먼저, 자신의 신체 언어를 잘 파악하고 가다듬으면 자신을 제대로 드러내는 데 큰 도움이 될 수 있다. 두렵고 걱정이 되더라도 자신에 찬 자세를 터득하면 곧바로 자신감이 붙을 것이다. 거울 앞에서 자신에 찬 자세를 취해 보고 그런 모습과 기분이 어떤지를 잘 파악하자.

천천히, 또박또박, 침착하게 말하라. 중얼거리거나 알아듣지도 못하게 너무 빨리 말해서 헷갈리게 하지 말아야 한다. 그러면 상대방이 알아듣지도 못할뿐더러 당신의 말을 무시해 버릴 것이다.

적당한 시간과 장소를 정하는 것도 잊지 말자. 폴라는 교수가 급하게 가는 길에 불평을 해댔다. 이는 그가 폴라의 말에 귀를 기울이기에 정말 안 좋은 때다. 차라리 교수와 따로 만날 약속을 잡는 편이 나았다.

그리고 문제를 구체적으로 말하라. 폴라는 일반적인 불평을 했다. "다른 학생들이 매우 소란스러워요." 그녀는 구체적인 예를 더 들었어야 했다. 이 경우라면 "오늘 학생 세 명이 수업 중에 귓속말을 하면서 메모를 건넸어요. 이 학생들이 분위기를 산만하게 해서 수업 시간에 집중이 안 되고 공부를 할 수 없었어요."라고 해야 한다.

앞으로 어떻게 바뀌었으면 하는지에 대해서도 생각해 두고 이를 말하라. 목표는 구체적인 변화에 대한 요청이다. 대안을 제시하지도 않고 불만만 이야기하면 상대방은 당신이 원하는 것을 잘 모를 수 있다. 암시만 주지 말고 원하는 것을 구체적으로 이야기하라. "이런 일이 다시 일어난다면 교수님께서 …해 주시면 좋겠습니다."

상대방의 반응이 마음에 들지 않는다면 다음에 당신이 어떤 태도를 취할지 말하라(이것을 말할지 안 할지는 알아서 결정하면 되지만, 당신의 걱정이 심각하게 받아들여지지 않을 경우에 대비해 어떻게 할 것인지 마음속으로 정해 놓으면 좋다).

대학에는 대개 학풍에 관한 조항이 있으므로 이를 적용하면 된다. 이를 통해 학생은 도움이 되는 학풍을 기대할 수 있고, 학교 측에서도 문제를 일으킨 학생들의 행동이 어떻게 변하는지를 기대하게 된다. 또한 불만을 제기하는 절차도 있을 것이다. 자신의 사례에 대한 도움을 얻으려면 이러한 정책과 절차를 이용하자.

다른 사람의 지원을 받으면 이러한 문제를 제기하는 데 훨씬 더 자신감이 생길 것이다. 물론 당신은 '내 편, 네 편'과 같은 상황이 발생되기를 원치 않을 것이다. 하지만 다른 누군가도 이런 상황에 대해 불쾌하게 여기는 것 같다면 걱정하지 말고 당신이 느끼는 바를 말하고 그 사람에게 똑같이 느끼는지를 물어본다. 그 사람도 똑같이 느낀다면 당신을 도와줄 수 있냐고 물어본다.

기억할 것

불만을 제기하는 데 좀 더 자신감을 갖고 싶다면 자신의 감정을 절제하고 적극적인 신체 언어를 사용하라. 그리고 당신과 뜻을 같이하는 사람들의 지원을 받아라.

● 원하는 것 요구하기

크리스는 의사와 약속이 잡혀 있었다. 몇 주 전에 병이 재발하여 건강 때문에 걱정이 많다. 의사가 몇 가지 질문을 하고 신체검사를 했다. 그러고 나서 의사는 크리스의 증상이 재발하게 된 예상 원인을 간단하게 설명한 다음 약을 처방해 주었다. 약국에서 약사는 크리스에게 약을 주면서 약을 어떻게 복용하는지, 어떤 부작용이 있는지, 부작용을 막으려면 어떻게 해야 하는지를 설명해 주었다. 크리스가 집에 돌아오자 아내는 어떻게 된 일인지 묻는다. 하지만 크리스는 멍했다. 의사가 한 말이 이해되지 않았고 약사가 해 준 설명도 정확히 기억나지 않았다.

크리스는 절망했다. 그리고 그것은 자기 잘못이 아니라고 아내에게 말했다. "의사가 너무 빨리 말해서 제대로 알아들을 수가 없었어. 의사가 나한테 무슨 문제가 있는지 말할 때는 이해가 잘 안 됐어. 그리고 약사는 외국 사람이어서 도대체 무슨 말을 하는지 알아들을 수가 없었다고."

일반적으로 사람들은 의사의 말을 잘 알아듣지 못한다. 병에 대한 전문적인 지식이 없어서 들은 사실을 이해하지 못하거나 다른 의미로 오해하기도 하며 잘 잊어버리기까지 한다. 그래서 사람들은 의사가 이 문제를 똑바로 잡아 주기를 기대한다.

종종 우리는 다른 사람이 우리를 대하는 자세에도 옳고 그른 태도가 있다고 믿는다. 그래서 우리는 너무 많은 것을 기대하게 되고 상대방이 우리의 기대에 부응하지 못했을 때 실망하고 분개한다. 대부분의 경우 이런 우리의 기대 때문에 모든 종류의 대화가 깨지고 오해가 생기며 분쟁과 불신이 조장된다는 것을 전혀 모른다.

크리스는 질문을 하지도 못했고 더 많은 정보를 달라고도 못했다. 그는 의사와 약사가 했던 말을 분명히 파악해야 한다는 사실을 미처 생각하지 못했기 때문이다. 또 한편으로는 의사의 말을 이해하지 못한 것이 바보처럼 비칠까 봐 걱정되었기 때문이다.

적극적인 행동

의사나 간호사 혹은 다른 의료인과 상담하게 된다면 가기 전에 당신의 걱정거리와 현재의 문제, 그리고 알고 싶은 사항을 적어서 가져가라. 상담을 하는 중에는 의사가 말하는 사실을 분명히 이해해야 한다. 이해가 안 되면 이해가 안 된다고 말하라. 의사가 당신이 이해했는지 못했는지 알아주기를 기대하지 말라. 그냥 이해가 될 때까지 질문하면 된다. 너무 성급하지 않게 자신이 필요한 정보를 얻을 때까지 침착한 자세를 유지하라.

전형적인 질문은 다음과 같다.

- 제 병의 원인이 무엇입니까?
- 병을 일으키는 원인이 하나 이상입니까?
- 예후가 주로 어떻습니까? 치료했을 때와 안 했을 때 장기적으로 어떤 결과가 나타납니까?
- 이 병에 필요한 약은 무엇이며 어떻게 도움이 됩니까?
- 제가 알아 두어야 할 부작용이 있습니까?

질문에 대한 설명을 적거나 의사, 간호사, 약사 등에게 질문하는 것을 걱정하지 말라. 걱정이 된다면 친구를 데려갈 수도 있고, 필요한 정보를 친구가 대신 적어 줄 수도 있다. 그러니 당신이 원하는 정보를 얻지 못했다고 의사를 비난하는 것을 멈추자. 대신 의료인에 대한 기대치를 조정하고, 책임감을 갖고 자신이 알고 싶은 내용을 물어보라.

기억할 것

이해가 안 되고 확신이 안 가는 상태로는 절대 병원이나 약국을 나서지 말자. 불확실한 것이 있으면 질문을 해서 확실히 알아듣고 답을 메모한다. 건강을 위해 알아 두어야 할 정보가 있다면 이를 알아내는 데 최선을 다하라.

"아니요"라고 말하기

알렉스는 남동생 결혼식 때 입으려고 정장을 한 벌 샀는데 여기에 딱 어울리는 구두를 고르려고 한다. 그녀는 구두 가게를 여러 군데 둘러봤지만 마음에 드는 것이 하나도 없다. 그러다 여섯 번째 가게에서 마음에 드는 구두를 발견했다. 점원은 그녀에게 맞는 사이즈는 없지만 그것과 비슷한 디자인의 구두가 있다고 말한다. 알렉스는 구두를 신어 봤지만 딱히 마음에 들지 않는다. 점원은 또 다른 구두를 몇 켤레 더 보여 준다. 그 어떤 것도 마음에 쏙 들지는 않는다. 하지만 알렉스는 점원한테 너무 폐를 끼친 것 같아 미안한 마음이 든다. 그래서 무엇이든 하나는 사야 할 것 같은 생각에 원하던 것과 딱 맞진 않지만 가장 비슷한 것을 골랐다. 그러던 중 알렉스는 구두닦이 용품도 하나 사기로 한다.

알렉스는 사람들에게 "아니요"라고 말하는 것은 잘못이라고 가정에서 배웠다. 그래서 다른 누군가가 자신을 위해 수고하는 것을 보면 그 사람의 말을 거절하는 것은 무례하고 고마움을 모르는 행동이라고 여기게 되었다. 그녀의 마음 한구석에서는 다른 사람의 압력에 따르는 것이 말도 안 된다고 하지만, 알렉스는 가게에서 물건을 사지 않고 나오기가 미안해 결국 무언가를 사게 되었다.

적극적인 행동

물건을 사야 한다는 중압감을 느껴 본 적이 더러 있을 것이다. 아마도 가게 점원이 물건을 찾아 주느라 매우 수고를 했다든지, 너무 끈질기게 조른다든지 하는 경우에 특히 그랬을 것이다. 그렇다면 어떻게 해야 정말 원하지도 않는 물건을 사지 않을 수 있을까? 먼저 자신의 생각에 주목하라. 만일 물건을 사는 것이 마음 편치 않거나 확신이 서지 않으면 그 메시지는 '사지 마'이다.

미안한 마음을 갖지 말라. 사지 않는다고 해서 당신이 잘못한 것은 없다. 도와 달라고 점원한테 부탁하거나 혹은 서비스나 물건에 대한 정보를 달라고 했을 뿐이며, 그것은 그 사람의 시간과 수고에 대해 빚을 진 것이 아니다. 실제로 점원은 물건을 팔려면 많은 일을 처리해야 하고 그럼에도 거절당하게 마련이다. 세상 일이 그렇다.

기억할 것

판매원은 당신이 돈을 쓰게 만들도록 훈련된 사람이다. 그러니 사지 않겠다고 해도 된다. 사지 않는 간단한 방법은 그냥 "아니요"라고 말하는 것이다. 판매원이 당신에게 필요한 물건이 있는지 물어볼 때 그런 물건이 없으면 없다고 하면 된다. 직접 대놓고 "아니요"라고 말하기가 곤란하다면, "고맙습니다. 그런데 이건 제가 원하는 게 아닙니다." 혹은 "생각 좀 해 봐야겠습니다."라고 말하자.

판매원이 매번 손님한테 물건을 팔아야 하는 것은 아니다. 판매원을 만족시키려고 물건을 살 필요는 없다. 중요한 사실은 당신이 기쁜 마음으로 물건을 사야 한다는 것이다.

● 칭찬하기

한편, 서비스 업종과 소매업에 종사하는 사람들은 보통 오랜 시간 일을 하지만 받는 수당은 그렇게 많지 않다. 그러니 만일 훌륭한 서비스를 받았다면 물건을 사든 사지 않든 고마움을 표하라. 고맙다고만 하지 말고 어떤 면에서 좋았는지 정확하게 이야기하자. 누군가가 매우 훌륭한 서비스를 제공했다면 회사에 전화를 하거나 이메일을 보내서 그 사람이 어떻게 했는지 구체적으로 설명하라. 고마움과 칭찬을 표현하는 데 많은 시간이 드는 것은 아니다. 또한 이렇게 하면 계속 좋은 서비스를 받을 수 있을 것이다.

기억할 것

물건을 안 사겠다고 정중히 거절한다고 해서 당신이 잘못한 것은 아무것도 없다. 원하는 것을 조용히 결정하며 자신감을 갖고 상황을 이끌어 가라. 원하는 것이 아니라면 원치 않는다고 말하라.

● 요약

▶ 나쁜 서비스를 받아서 스트레스를 받고 속상하다면 숨을 깊이 들이쉬고 자신의 생각을 드러낸다.

▶ 감정을 다스리자. 걱정과 두려움이 있다 해도 서비스가 나빠서 스트레스를 받은 일을 처리한다.

▶ 대부분의 상황에서 자신에게 권리가 있음을 명심한다. 그러므로 권리가 무엇인지 숙지하자.

▶ 원하는 바를 침착하게 말하고 반응에 귀를 기울인다. 그런 다음 협상이나 타협을 할지, 주장을 관철할지, 원하는 바를 달라고 촉구할지를 정한다.

▶ 공功을 받아야 하는 사람에게는 공을 돌린다. 좋은 서비스를 받았다면(고맙다는 말만 하지 말고 고마운 점을 밝힌다) 도움이 되었던 것을 구체적으로 말한다.

Chapter 9

면접에서의 적극성

"나는 인터뷰를 하는 것이 아니다.
그냥 대화할 뿐이다."

– 찰스 바클리Charles Barkley

"저세상에는 인터뷰가 없어서 정말 안심이다."

– 캐서린 헵번Katherine Hepburn

How to be
Assertive
in any situation

질문을 이해하지 못했다면 알아들을 수 있도록
좀 더 설명해 달라고 정직하게 요청하자.

우리가 강의하는 커리어 개발 수업에서 학생들은 종종 면접에서 자신감 있고 분명하게 자신을 드러내기가 어렵다고들 한다. 학생들이 어려워하는 주요 문제는 다음과 같다.

- 긴장감과 신체 언어 다루기
- 자신을 잘 어필하기
- 무례하고 부적격한 면접관 마주하기
- 예상치 못한 질문에 답하기

적극성은 면접을 잘 보는 데 중요한 요소다. 행동과 대화하는 자세는 직무를 어떻게 수행할지를 보여 주는 지표가 되기 때문이다.

● 긴장감을 인식하고 받아들이기

　　캐머런은 런던에 있는 출판사에서 면접을 봤다. 면접이 있는 주에는 긴장이 점점 더 심해졌다. 드디어 그날이 다가왔고 캐머런은 잔뜩 긴장한 채 대기실에 앉아 있었다. 면접관이 도착했고 캐머런은 어설프게 악수를 했다. 면접관을 따라 면접실 안으로 들어가면서 캐머런은 특별하지도 않은 일에 대해 계속 지껄였다.

　　캐머런이 면접을 두려워하는 것은 지극히 자연스럽다. 대부분의 사람들도 그렇기 때문이다. 캐머런은 이 회사에 다니고 싶다. 하지만 직장을 구하려면 면접을 잘 봐야 한다는 생각으로 중압감에 휩싸였다. 물론 캐머런은 자신을 진정시키려면 침착하게 있어야 한다는 것을 알고 있다. 이는 '캐치-22'의 상황과 같다.

적극적인 행동

　　캐머런은 면접이 시작되기 전에 말을 지껄이기 시작했다. 다시 말해 이미 첫발을 잘못 뗀 것이다. 쓸데없는 이야기로 시간을 보내지 말라. 불안하다고 해서 아무 말이나 하면 안 된다. 이는 자신의 마음에 반대되는 행위일 뿐이다. 그러는 대신, 걱정이 된다고 간략하게 인정하되 긍정적인 말을 하자. 예를 들어, "저는 면접을 볼 때 너무 떨립니다. 하지만 이 직업과 회사에 대해서 더 많은 것을 알고 싶습니다."라고 하면 딱 좋다.

신체 언어를 잘 활용하라. 악수를 하는데 퉁퉁 불은 국수마냥 무기력하기 짝이 없었다면 캐머런은 첫인상을 잘못 심어 준 것이다. 면접관이 손을 내밀면 곧바로 손을 뻗어서 친밀한 악수를 나누어야 한다. 그리고 악수를 하면서 눈을 쳐다보고 미소 지으며 "안녕하십니까?"라고 인사한다. 이것은 친구와 함께 쉽고 간단하게 연습할 수 있다. 친구가 괜찮다고 할 때까지 계속 연습하자. (이렇게 하고 나면 면접뿐만 아니라 어떤 상황에서도 제대로 악수를 나눌 수 있을 것이다.) 굳게 악수를 하고, 제대로 자세를 잡고, 목소리와 자세를 침착하게 하면 적극적으로 대화를 하는 데 도움이 된다.

버락 오바마Barack Obama의 신체 언어를 유심히 보라. 매우 편하면서도 유연하지 않은가? 그에게서는 긴장감이나 걱정을 전혀 찾아볼 수 없다. 그는 차분하면서도 적극적으로 보인다.

효과적인 신체 언어를 위해서는 한 단어와 그 말뜻(예를 들어, '침착하다', '편안하다', '품위가 있다')에 초점을 맞춘다. 그리고 면접 당일에 옷을 입을 때, 식사를 할 때, 걸을 때, 운전할 때, 혹은 다른 일을 할 때 그 단어대로 행동해 보라. 처음에는 다소 어색하겠지만 나중에는 침착하면서도 적극적으로 느끼게 되어 대화하는 데 많은 도움이 될 것이다.

오바마 대통령의 목소리 역시 그렇다. 그의 말투가 얼마나 리듬감 넘치는지를 잘 들어 보라. 그는 말을 할 때 특정한 말은 강조하고 나머지는 약하게 내린다. 또한 말을 자주 멈추는데 그렇게 함으로써 다른 사람들이 그가 하는 말에 대해 생각할 시간을 갖게 된다. 말을 멈추는 데 따르는 효과는 매우 강력하다. 이런 사람은 말을 잠깐 멈추더라도 다른 사람이 그 사이에 끼어들지를 걱정하지 않는다. 그러니 자신감 있게 말하고, 이야기를 할 때는 직접적으로 침착하게 말하자.

기억할 것

잘하지 못할 것이라고 생각하는 대신, 조금 긴장은 하겠지만 걱정할 일은 아무것도 없다고 자신에게 말하자. (직장 외에는) 잃을 것이 아무것도 없으며, 세상에는 항상 다른 기회가 있게 마련이다.

● 자신의 한계를 알고 입장을 분명히 하기

미용사인 잰은 도심에 있는 새 미용실의 점장과 면접을 보게 되었다. 그런데 시작부터 면접이 안 좋게 흘러간다. 매니저는 잰이 이전에 일했던 곳이 이류 미용실에 불과하다고 악평을 한다. 잰은 이 말에 동의하지 않지만 점장에게 그렇지 않다고 말하지 못한다.

위와 같은 상황은 면접에서 흔하게 일어나는 일은 아니지만 때로 이처럼 최악의 면접을 맞닥뜨리는 경우도 있다. 만일 면접관이 말하는 사실에 동의하지 않는다면 둘 중 하나를 선택하면 된다. 꿋꿋하게 말하든지 아니면 그 말을 모른 척 넘어가는 것이다.

면접 중 논쟁에 휩싸이는 것은 좋지 않다. 그래서 잰이 면접관의 말에 반박하고 싶어 하지 않는 마음은 충분히 이해할 수 있다. 하지만 면접 후보를 테스트할 요량으로(면접관이 정말 나빠서 그럴 수도 있다!) 회의적인 태도로 무시하거나 심지어는 공격적으로 말하는 경우도 있으므로 그대로 받아들일 필요는 없다. 면접관이 무례한 이유가 있겠지만, 그 이유야 어떻든 면접을 보는 사람은 이런 상황도 적극성을 활용할 수 있는 기회로 삼으면 된다.

적극적인 행동

면접관이 무례하더라도 침착하게 말하고 면접을 최대한 잘 마쳐야 한다. 물론 면접관이 부정적인 태도를 보인다면 당신은 그 직장에서 일하기 싫은 마음이 들 것이다. 하지만 그날만 면접관의 컨디션이 안 좋다고 생각하고 최선을 다해 면접에 응하라.

자신의 입장을 드러내고자 한다면 왜 동의하지 않는지 간단히 이유를 설명한다. 잰이 전에 일했던 곳을 면접관이 무시한 경우에는 다음과 같이 말하면 될 것이다. "제 생각에는 그 미용실이 가격을 비싸게 책정하지 않아서 사람들은 그 미용실의 서비스 역시 최상이 아니라고 생각하기 쉽습니다. 하지만 사실 모든 스태프들이 전문가이고 단골손님이 많은 최상의 미용실입니다."

그래도 면접관이 생각을 굽히지 않는다면 그 사람이 말한 사실을 인정하고 했던 말을 반복해서 자신의 입장을 분명히 한다.

"누군가가 그 미용실이 이류라고 말했다고 하시지만 전 스태프가 전문가이고 단골손님이 많은 최상의 미용실입니다."

하지만 침착하게 부인할 정도의 자신감이 없다면 아예 말을 하지 않는 것이 좋다. 그 말을 모른 척 넘어가야겠다는 생각이 들면 그냥 무시하고 못 들은 체하면서 미소를 짓거나 아무 생각 없이 쳐다보면 된다.

여기서 잊지 말아야 할 사실은 반드시 자신의 입장을 드러내야 할 필요는 없다는 것이다. 적극적인 사람은 때에 따라 소극적으로 반응하리라 작정하고, '나는 이 일에 대해 아무것도 하지 않고 아무 반응도 보이지 않을 테야.'라고 할 수 있다. 즉, 적극적인 사람은 상대방이 한 말이 마음에 들지 않을 때 자신의 생각을 드러내지 않음으로써 자신을 컨트롤할 수 있다. 반면에 자신을 드러내고자 한다면 침착성을 유지하면서 자신 있게 말하고 자신의 견해와 경험을 재차 강조한다.

기억할 것

면접관의 무례함을 그대로 받아들일 필요는 없다. 그것을 침착하고 정중하게 다뤄라.

더 많은 정보 요청하기

슐라는 큰 식물원에서 종묘가와 판매 보조원으로 일하려고 면접을 봤다. 그녀는 이전에 식물원에서 일해 본 적은 없지만 도매상과 고객 서비스를 담당한 경험은 있다.

지금까지는 면접관이 주로 말을 했고, 질문 역시 "예"나 "아니요"로 답할 수 있는 것이었다. 하지만 면접이 끝나 갈 때쯤 슐라는 이해하기 어려운 질문을 받았다. "정원사가 기후 변화에 적응할 수 있도록 하려면 우리가 어떻게 도와주는 것이 최선이라고 생각합니까?" 슐라는 확실하지도 않은 말을 몇 마디 중얼거렸고, 이에 대해 면접관은 뭐라 할 말이 없었다.

슐라는 그 질문에 대한 답을 모른다고 할 만한 자신감이 없었다. 보통은 예상되는 질문에 대해 준비하라고들 하지만, 도깨비 방망이가 있지 않은 이상 모든 질문을 알 수는 없는 노릇이다.

적극적인 행동

답을 모르거나 혹은 이해가 안 되는 질문에 대처하는 최선의 방법은 정직하게 말하는 것이다. 즉, 질문을 이해하지 못했다고 솔직하게 말한다. 면접자에게는 이해하지 못했다고 말한 뒤 좀 더 많은 정보를 요청할 수 있는 권리가 있다.

만일 면접관이 무시하면서, "이런 것도 몰랐습니까? 이 일에서는 반드시 알아야 할 내용이지 않나요?"라고 한다면 다음과 같이 침착하게 답하자. "이 문제에 대해서 저는 아는 것이 많지 않습니다. 그런데 참 관심이 가네요. 이 문제에 대해 조금만 더 말씀해 주시겠습니까?"

면접관이 의도적으로 계획한 질문이든 아니든, 이해하지 못하는 문제를 어떻게 다루는지만 보아도 당신에 대해 많은 것을 알 수 있다. 면접관은 지식이 부족하다는 사실에 실망하기보다는 당신이 이 문제를 명확히 이해하고 상황에 대처하는 모습을 더 인상 깊게 볼 수도 있다.

당신이 예측하지 못한 문제뿐만 아니라 미리 준비할 수 있는 질문인데도 어려운 것이 다수 있다. 가령 "과거에 관계가 나쁜 동료와의 문제를 어떻게 처리했습니까?", "우리가 왜 당신을 채용해야 합니까?" 등등의 질문이다.

이런 질문에 대한 답을 준비하려면 검색 사이트에서 '어려운 면접 질문'이라고 쳐 보면 된다. 그리고 그중 적절한 질문을 하나 골라 연습을 해 본다. 자신의 배경과 능력에 기초해서 적절한 대답을 궁리해 보자. 그런 다음 대답을 적는다. 맞거나 틀린 답이 있는 것은 아니지만 당신이 지원하는 직업과 회사, 자신의 능력을 완벽하게 고려해서 쓰도록 한다. 이를 위해 예상되는 질문을 조사하고 답을 준비해 보자.

기억할 것

까다로운 질문 때문에 남은 면접을 망치지 않도록 해야 한다. 질문을 이해하지 못했다면 알아들을 수 있도록 좀 더 설명해 달라고 정직하게 요청하자.

● 자신의 강점과 약점 파악하기

> 첸은 지역 의회의 언론 사무실에서 일하고자 면접관 세 명 앞에서 면접을 보고 있다. 셋 중 한 사람이 질문을 던진다. "당신의 능력과 장점, 약점을 말해 주세요." 첸은 당황하기 시작한다. '뭐라고 말해야 하지? 만일 내가 잘하는 일을 말하면 잘난 체한다고 생각할 테고, 내 약점을 언급하면 이 직장에 적합하지 않다는 이유를 대는 게 아니고 뭐겠어?'라고 생각한다.

자신의 장점과 약점을 말하라는 것은 굉장히 흔한 교과서적인 면접 질문이다. 면접관들이 이 질문을 자주 하는 이유는 그 대답을 통해서 지원자가 자기 자신을 얼마나 잘 알고 있는지를 파악할 수 있다고 믿기 때문이다.

사람들은 '자화자찬'으로 보일까 봐 대체로 자신의 장점과 능력을 말하기 어려워한다. 하지만 직장 면접은 자신의 능력에 대해 수줍어하고 삼가는 자리가 아니다. 면접관은 당신이 무엇을 잘하며, 어떤 면에서 직장을 위해 공헌할 수 있는지 알아야 한다. 미리 이런 질문에 대한 답을 준비하면 확신에 찬 적극적인 답을 할 수 있을 것이다.

적극적인 행동

누구나 자신만의 능력과 장점을 알고 있을 것이다. 진정한 자신으로 여겨지고 그 능력과 장점을 사용할 때 자신감에 차 있다면 이것이 자신의 능력이고 장점이다. 면접을 볼 때는 이 능력과 장점이 새로운 직장에서 활용될 수 있고 이를 사용해 업무를 신속하고 쉽게 할 수 있다면 반드시 언급하는 것이 좋다.

자신의 기술과 강점이 무엇인지를 분명하고 직접적으로 말하자. 이는 두세 가지 정도로 묘사하면 좋다. 여기서 아주 중요한 사실이 있다. 능력과 장점을 말할 때는 구체적인 증거를 들어야 한다는 것이다. 예를 들어, 고객에 대한 서비스 기술이 뛰어나다고 하지 말고, 자신에게 어떤 고객 서비스 기술이 있는지 설명하면서 이를 증명해야 한다. 가령 즉각적인 서비스, 고객에게 친근하고 도움을 주며 관심을 보이는 태도 등이 있을 것이다. 그런 다음에는 과거에 이런 기술을 어떻게 적용했는지 실례를 들어 보인다.

그렇다면 약점은 어떻게 해야 할까? 2장에서 적극적인 사람이라면 자신의 약점에 갇혀 살지 않는다고 했다. 적극적인 사람은 자신의 실수와 경험에서 많은 것을 배운다. 기억해야 할 사실은 그 누구도 완벽하지 않으며 면접관도 그 사실을 잘 알고 있다는 것이다. 면접관은 면접자가 어떤 영역에 약점이 있는지, 자신의 약점을 어떻게 생각하는지, 이를 앞으로 어떻게 다룰지를 알고 싶어 할 뿐이다.

능력과 장점뿐만 아니라 약점에 대해서도 준비해야 한다. 약점을 말하는 방법 중에는 능력이나 장점을 소개하면서 이것이 단점이 될 수도 있다는 것을 보여 주는 방법이 있다. 모든 것은 동전의 양면과 같기 때문이다. 자신의 장점과 능력을 다른 잣대와 성과로 재어 보고 상황에 따라 어떻게 변하는지를 살펴보자. "저는 끈질겨서 모든 일을 끝을 볼 때까지 밀어붙입니다. 하지만 때로 이 점 때문에 다른 사람이 저처럼 빨리 일을 하지 못하면 참을 수가 없습니다."

또 다른 방법은 단순히 적당한 약점(취업에서 떨어지지 않을 정도의 것)을 고르는 것이다. 그런 다음 이를 고치려고 당신이 하고 있는 일(했던 일)을 설명한다. 예를 들어, 스프레드시트 실력을 향상시키고 싶다면 이를 위해 지금 학원 수업을 듣고 있다고 하면 될 것이다.

약점을 항상 긍정적으로 바꿔라. 만일 경험이나 기술이 부족하다면 이를 배우겠다고 말하거나 그 부분을 향상시키고 싶다고 하라. "저는 고객 서비스에 관한 경험이 많지 않습니다. 하지만 저는 이 부문에서 더 많이 활동하고 싶습니다. 저는 사람들과 어울리는 것을 좋아하고, 다른 사람의 말을 귀담아들으며, 사람들과 대화가 잘 통하기 때문입니다. 그래서 저는 고객 중심의 환경에 적합한 사람이라고 생각합니다."

기억할 것

잘 준비하라! 일하고자 하는 직책과 관련된 자신의 장점과 단점에 대한 리스트를 면접 전에 미리 만들어 놓자. 누구에게나 능력과 장점이 있다. 이를 적극적인 자세로 정직하고 분명하게 드러내자.

● 요약

▶ 적극적인 자세는 성공적인 면접의 중요한 요소다. 고용주는 면접 때 보이는 행동이 실제 직장에서 일할 때의 행동과 같다고 여긴다.

▶ 면접의 열쇠는 준비다. 회사에 대해 조사하고 면접 시 예상되는 질문을 준비하자. 적극적인 신체 언어를 연습하는 것도 잊지 말자.

▶ 적극적으로 행동하면 대인 관계가 좋고 업무 추진 능력도 있으며, 자신 있고 능력 있는 후보자로 보일 것이다.

Chapter 10

적극적인 결정 내리는 법

"운명은 기회의 문제가 아니라
선택의 문제다."
—W. J. 브라이언W. J. Bryan

How to be
Assertive
in any situation

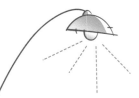

중대한 결정을 자신감 있게 할 수 있으려면 무엇보다도
중요하지 않은 일을 단호하게 처리할 수 있는 법을 배워야 한다.

이 책에 소개한 다른 모든 적극성의 기술처럼, 결정을 내리는 것도
잘할 때가 있고 못할 때가 있다. 당신은 지금까지 이 책을 읽으면서
어떤 상황에서 자신이 가장 적극적으로 행동하는지를 알아차렸을 것
이다. 예컨대 당신은 가족과의 관계에서 적극적일 수 있다. 그렇다면
당신은 가족과 관련된 결정을 내리기가 좀 더 쉬울 것이다. 가령, 자
녀가 다닐 학교를 선택하는 일이라든가 휴가 때 어디로 갈지를 결정
하는 일에는 큰 어려움이 없을 것이다. 이 부분에서 적극적인 자신감
이 있기 때문이다. 하지만 직장에서는 적극적이지 못해 도움을 요청
하지 못하고 "아니요"라고 말하지도 못할 수 있다. 그렇다면 당신은
직장과 관련된 결정을 내리는 데 더 큰 어려움을 느끼게 될 것이다.

앞서 설명했던 기술들을 연습하면 좀 더 적극적으로 행동할 수 있

으므로 훌륭한 결정을 내리기도 더 쉬워진다. 이 장에서는 앞에 나왔던 사례들의 인물이 가진 딜레마를 검증해 봄으로써, 어떻게 해야 결정을 잘 내릴 수 있는지 그 과정을 살펴볼 것이다.

이 장의 목표는 당신의 반응과 행동이 좀 더 일관성을 갖도록 하는 것이다. 그러면 삶의 모든 영역에서 결정을 내릴 때 자신감이 생길 것이다. 사소한 결정을 내릴 때마다 번민하는 사람이든, 소극적이어서 결정을 회피하는 사람이든 상관없다. 이제 연습을 통해 좀 더 단호하게 결정할 수 있을 것이다.

● 사소한 결정과 중대한 결정 구별하기

"세상에서 우유부단한 사람보다 더 불쌍한 사람은 없다."

－윌리엄 제임스

6장에서 친구에게 "아니요"라고 말하기를 어려워하는 드보라를 보았다. 사실 드보라는 다른 많은 일에서도 제대로 결정을 하지 못했다.

드보라는 편한 상대인 데다 대개 다른 사람이 원하는 대로 따르기 때문에 친구가 많다. 하지만 결정할 때의 우유부단함이 때로 친구들을 짜증 나게 한다. 드보라는 거의 자신이 선택한 것을 표현하지 않고, 어디로 가고 싶은지 물어볼 때마다 "'나는 어디라도 괜찮아.'라고 말하기 때문이다. 식당을 같이 가더라도 드보라는 먹고 싶은 메뉴를 제대로 고르지 못한다. 그녀는 메뉴를 정하는 데 한참이 걸리고, 다른 사람에게 무엇을 먹을 것인지 물어본다. 그리고는 한번 메뉴를 고른 다음에도 막판에 주문할 음식을 다시 바꿔 버리는 경우가 허다하다. 음식이 나온 다음에도 다른 사람의 음식을 바라보면서, '나도 저거 시킬걸.'하고 항상 말한다.

이뿐이 아니다. 친구와 옷가게를 갈 때도 드보라는 자기 옷을 고르지를 못한다. 그러고는 종종 옷을 입어보지도 않고 사버린다. 덕분에 그녀의 옷장에는 한 번도 입어본 적이 없는 옷들로 가득하다. 사실 그녀는 거의 매일 같은 옷만 입고 다닌다(대부분 검은색). 그 옷만 입겠다고 결정한 것이 아니라 매일 어떤 옷을 입어야 할지 고르지를 못해서다.

드보라는 자신의 가족과 관련된 결정은 쉽게 내린다. 수년 동안 그녀는 싱글맘이었기 때문에 자기 아이들의 필요와 욕구에 대해서는 단호하게 결정을 내려 왔다. 드보라는 아이들이 공부하러 떠난 뒤 친구와의 관계를 넓히기 시작했다. 하지만 친구들에게는 어떻게 행동해야 할지 확신이 서지 않았다. 드보라는 이렇게 사소한 결정도 내리지 못했고 그것이 자기 자신과 친구들을 짜증 나게 했다.

우리는 매일 부지불식간에 수백 번의 결정을 내린다. 어떤 것은 중요하지 않지만, 어떤 것은 자신과 주위 사람들의 삶에 근본적으로 큰 영향을 미치기도 한다. 그런데 문제는 사소한 결정을 할 때는 너무 번민하는 반면, 중요한 일은 순식간에 결정을 내리는 경우가 많다는 사실이다. 중대한 결정을 자신감 있게 할 수 있으려면 무엇보다도 중요하지 않은 일을 단호하게 처리할 수 있는 법을 배워야 한다.

적극적인 행동

홀륭한 결정을 내릴 수 있으려면 자신의 삶을 좀 더 잘 컨트롤할 수 있어야 한다. 또한 사소한 결정과 정말 중대한 결정을 구별할 줄 알아야 한다. 이를 구별하려면 그 결정이 자기 삶에 얼마나 오래 영향을 미칠까를 판단하면 된다. 자신에게 물어보라. "내가 한 결정이 얼마나 오랫동안 영향을 미칠까?" 높은 등급일수록 중요도가 크다면 1등급은 아마도 영화를 선택하는 정도가 될 것이다. 2등급은 어떤 결혼식에 참석할 것인가, 3등급은 대학에서 어떤 과목을 들을 것인가, 4등급은 승진 요청하기, 5등급은 이별하기, 이민 가기, 자녀 갖기 등이 될 것이다(이는 간단히 예를 든 것일 뿐 실제로는 자기만이 자신의 결정을 평가할 수 있다).

만일 사소한 일을 걱정하는 데 온통 시간을 낭비해 버린다면 정작 중요한 일에는 집중할 수 없게 된다. 5등급짜리 결정은 한밤중에 잠에서 깨어날 만큼 시간과 에너지를 쏟을 만한 가치가 있다. 이는 오랜 시간이 흐른 뒤에도 여전히 중요한 문제일 것이기 때문이다. (5등급의 결정을 내리는 데는 많은 시간이 필요하다. 어쩌면 수개월 동안 심각하게 고민해야 할 수도 있다.) 어떤 일에 대해 생각할 시간을 가질 때는 번민하거나 같은 생각만 반복하지 말고 생산적인 고민을 하자.

만일 사소한 일에 대한 결정을 회피하고 있다면 지금 당장 결정을 내려라. 물론 살아오면서 몸에 밴 오랜 습관이 하룻밤 사이에 바뀔 수는 없을 것이다. 하지만 소심한 사람이 단호한 사람으로 바뀔 수 있는 방법이 몇 가지 있는 것도 사실이다. 일단 매일 결정을 내려야 하는 사소한 문제부터 시작해 보자.

만일 당신에게 드보라와 같은 비슷한 문제가 있다면 사소한 문제에 관해 좀 더 단호해질 필요가 있다. 예를 들어, 옷 입는 것에 문제가 있다고 생각하면 지금 옷장으로 가서 다섯 벌의 옷을 골라 하루에 한 벌씩 그 옷들을 번갈아 입자. 자신감 있게 그 옷들을 입고 칭찬을 적극적으로 받아들여라. 그리고 이제는 새 옷을 살 때 옷이 잘 맞는지 입어 보고 사겠다고 마음먹자(그리고 옷의 가격표를 보기 전에 먼저 얼마 정도의 가격이면 이 옷을 사겠다고 마음으로 정해 놓자). 자신에게 어떤 옷이 어울리는지 잘 모르겠거든 색상 전문가에게 조언을 구해 보라. 그러면 그 사람이 당신에게 어울리는 색상의 옷을 골라 줄 것이다. 우유부단한 구매자가 전문가의 조언 덕분에 자신의 인생이 바뀌었다고 말한 경우가 많았다.

만일 당신이 식당에서 드보라와 똑같은 행동을 한다면 먼저 어떤 메뉴가 있는지 알아보고(대부분의 식당은 온라인에 메뉴가 나와 있다) 결정을 내린 다음 식당으로 향하라. 일단 식당에 도착하면 메뉴를 대충 훑어보고 나서 바로 선택한 음식을 말한다. 친구들은 이런 당신의 모습에 깜짝 놀랄 것이고 당신은 이제 당신 자신을 꽤 강하고 적극적이라고 느끼게 될 것이다. 어디로 가고 싶은지 물어볼 때마다(가령 어떤 영화를 보러 갈지) 그냥 아무거나 고르자. 그 문제를 가지고 고민에 싸였던 것보다는 낫다. 영화가 재미없다 하더라도 아무 문제 없다. 누가 뭐라고 하겠는가? 적극적인 사람은 사소한 결정에 대해서는 별로 심각하게 생각하지 않는다.

일단 즉각적으로 사소한 결정을 내릴 수 있게 되었다면 자신에게 좀 더 자신감이 들기 시작할 것이다. 이런 효과는 꽤 주목할 만하다. 오랫동안 결정을 내리지 못하고 늘 우유부단했다면 그 효과는 특히 더할 것이다. 분명 사람들은 당신을 새로운 시각으로 바라보고 좀 더 존중할 것이다.

기억할 것

자신의 결정에 등급을 매기는 습관을 가져라. 그리고 등급에 맞는 시간을 정해 두고 생각하자. 사소한 결정은 즉각 내리도록 하라. 이렇게 하면 중요한 문제에 집중할 수 있다.

● 공동 결정 내리기

"인생을 자기 스스로 결정하라. 그러면 무슨 일이 일어날까? 끔찍한 일이 일어난다. 아무도 비난할 수 없게 된다."

－에리카 종Erica Jong

티파니와 폴은 새로 산 아파트를 가구로 채우고 집 안 장식까지 마쳤다. 그런데 아파트가 들어선 지역이 마음에 들지 않아 괜히 집을 샀다고 후회하고 있다. 폴은 프리랜서 그래픽 디자이너로 재택근무를 한다. 티파니는 보험 회사 중개인으로 때때로 자신의 인생에 불만을 느낀다. 이들이 사는 지역에 강도가 출몰하면서 티파니는 시골로 이사해 자족하는 삶을 살자고 한다. 폴은 마음이 썩 내키지는 않지만 그 생각을 따른다. 오래지 않아 그들은 살던 아파트를 팔고 다트무어(영국 데번카운티 남부에 있는 고원 지역_옮긴이)의 외곽에 있는 조그만 집으로 이사했다.

그러나 그 지역에 이사하고 보니 너무나 외진 곳이었다. 티파니는 운전을 하지 못하는데 가장 가까운 마을에는 우체국과 술집 하나밖에 없었다. 그들은 가족과 친구가 그리워졌다. 그제야 자신들이 실수했다는 사실을 깨달았다. 폴은 이것이 티파니의 생각이었다면서 툭하면 그녀를 비난했다.

이런 일이 흔하지는 않겠지만 사실 어떤 사람들은 더 나은 삶을 찾아서 도시를 떠나 시골로 이사하기도 한다. 하지만 정작 삶의 모습이 자신이 생각했던 것과 꽤 다르다는 사실을 문득 깨닫는다. (일요일 편지Mail on Sunday라는 잡지사의 리즈 존스도 이와 똑같은 결정을 했는데, 그 끔찍한 결과에 대해 매주 글을 쓴다.)

앞의 예에서 티파니는 자신이 결정을 내리는 데 단호하다고 생각하는 실수를 저질렀다. 실제로 그녀는 충동적이었기 때문이다. 단호함과 충동은 결정을 내리는 데 얼마나 생각하고 조사를 했느냐에 차이가 있다. 당신 자신이나 누군가의 열정으로 일을 추진하기는 쉽지만, 인생의 중대한 결정인 경우에는 그 일을 실행에 옮기기 전에 충분한 시간과 노력을 들여서 자신의 생각을 점검해야 한다.

적극적인 행동

무엇보다도 문제점을 분명히 파악해야 한다. 사람들은 자신이 불행하다고 느낄 때 때로 그 진정한 원인을 잘못 파악하는 경우가 있다. 그래서 문제를 해결하려고 하지만 그 문제가 해결될 행동을 취하지 않는다. 왜냐하면 문제는 다른 데 있기 때문이다.

티파니는 자신이 불행하다고 생각한다. 그것은 그녀의 직장이나 아파트, 지역, 혹은 인간관계 때문이었을 것이다. 하지만 그녀는 실제 자신이 인생에서 원하는 것이 무엇인지 깊이 생각해 보지도 않고, 시골로 이사하는 것만이 해답이라는 생각에 집착한다. 만일 당신에게도 결정을 내려야 할 중대한 문제가 있다면 그 중대한 문제가 무엇인지 분명히 파악하고 글로 써 보라.

그런 다음 진정으로 자신에게 중요한 문제를 처리해 나가도록 하라. 때로 사람들은 자신이 해야겠다고 생각해서, 그리고 남들을 의식해서 결정을 내리는 경우가 있다. 만일 당신이 사회 활동이나 쇼핑, 외식, 혹은 가족과 함께하는 것을 즐긴다면 시골로 이사 가는 것은 어리석은 일일 것이다(그래도 그렇게 사는 사람들이 있고, 후회하기도 한다). 당신이 정말 즐기는 일 열 가지를 목록으로 만들어 보라. 이 목록에 있는 내용이 당신의 결정에 맞아떨어지는가?

또한 그 결정이 다른 사람들에게도 영향을 미치는 것이라면 공동으로 결정을 내려라. 폴도 자신의 꿈이 제대로 이뤄지지 않았다면 티파니만큼 비난을 받아야 한다. 왜냐하면 그도 소극적으로 티파니의 뜻에 따랐기 때문이다. 부부 사이라면 그 생각이 누구한테서 나왔든 간에 모든 중요한 결정은 공동으로 해야 한다.

융통성을 갖고 다양한 가능성을 고려하자. 조사를 많이 해야 한다. 주위에 물어보고 정보도 모아야 한다. 만약 이사를 고려한다면 시간을 달리해서 그곳을 들러 본다. 결정적인 것 외에도 선택의 여지가 많다. 하지만 열린 마음으로 그것들을 신중하게 고려해 보아야 한다. 지나치게 신중해도 된다. 자신에 대한 확신이 하나도 남지 않아서 아무것도 할 수 없는 순간까지 모든 사람들과 의논하며, 그 문제에 관한 모든 것을 읽어 보고, 마음을 수시로 바꿔 보는 것도 괜찮다.

인생을 바꾸는 결정으로 심사숙고할 때는 다음 문장을 말해 본다. "이것은 정말로 내가 원하는 일이야." "나는 이 문제를 두고 아주 오랫동안 심각하게 생각해 왔어." "앞으로 어떻게 될지 진짜 상상이 돼." "결정을 내리기 전에 조언을 받았어." 이런 말을 정직하게 반복할 수 있다면 앞으로 일어날 변화에 대한 준비가 잘된 것이다.

마지막으로, 이런 결정에도 위험이 따를 수 있다. 그럴 때는 과감히 실수를 인정하라. 누구도 완벽하지는 않으며 사람은 실수에서도 배울 수 있기 때문이다.

기억할 것

단호한 것과 충동적인 성향을 혼동하지 말자. 공동으로 결정을 내린다면 두 사람 모두가 결정을 내려야 한다.

● 문제를 외면한다고 해결되지는 않는다

"미래에 대한 계획이 있는 사람은 드물다. 그들은 계획 없이 하루 벌어 하루 먹고살기 바쁘며 항상 꼴찌에 머무른다."

- 랠프 월도 에머슨 Ralph Waldo Emerson

대니는 재정 상태에 문제가 있다. 매달 신용카드 빚이 불어나고 있다. 저당 잡힌 것을 갚아 나가야 하고, 이제는 친구들한테도 조금씩 돈을 빌리기 시작했다. 그는 이 문제에 관해 깊이 생각하기를 꺼린다. 이 사실을 아무한테도 말하지 않을뿐더러 뾰족한 대책도 세우지 않는다. 그의 친구인 톰은 빌려 간 돈을 왜 갚지 않느냐고 물어보지만 대니는 수치스러워서 진짜 이유를 말해 주지 않는다. 계속 친구들을 밖에서 만나지만 종종 화를 내거나 우울해한다.

대니는 몸이 아프다고 느껴 병가를 내기 시작했다. 자신의 문제를 드러내지 않아서 직장을 잃을 상황에 처해 있다.

대니는 정말 아픈지도 모른다. 스트레스를 받는 사람은 대개 식사나 운동을 제대로 하지 않고 자신의 몸을 돌보지 않기 때문이다. 결정을 할 수 없는 것이 어떤 사람에게는 스트레스의 주요 원인이 될 수 있다. 이때가 되어서야 대니는 많은 일에 태만히 대처한 것이 소극적이었다는 사실을 깨달을지도 모른다. 대니 같은 사람은 결정 내리는 일을 대수롭지 않게 여기고 회피해 버린다.

이런 태도의 문제점은 정작 그 일에 대처하기 전까지는 문제가 사라지지 않는다는 것이다. 하지만 무언가를 해야지 하고 결정하는 것만으로는 불충분하다. 계획을 짜고 그것을 실행에 옮겨야 한다. 사람들이 헬스클럽에 많은 돈을 쓰는 이유 중 하나는 날씬해지기로 작정을 하고 1년짜리 회원권을 끊기 때문이다. 하지만 몇 번 간 다음에는 그 생각이 시들해져 버린다. 사실 이 사람들은 전혀 진지하게 결정을 내리지 않았고 돈만 지불했을 뿐이다.

적극적인 행동

대니는 행동 계획을 짜야 한다. 첫 번째 할 일은 어떻게 빚을 졌는지 파악하는 것이다. 모든 소비 내역을 기록할 지출 차트를 만든다. 사람들은 보통 이렇게까지는 하지 않으려고 한다. 자신이 얼마나 과도하게 돈을 쓰는지 알고 싶지 않기 때문이다. 일단 지출과 수입을 비교했으면 그다음 단계는 어떤 부분에서 지출을 줄일 수 있는지를 살펴보는 것이다. 재정 적자가 눈덩이처럼 불어나서 감당이 안 될 때는 재무 상담가를 만나 보는 것도 도움이 될 것이다.

보통 사람들은 자신의 재정 문제를 다른 사람에게 말하기를 꺼린다. 하지만 때로는 친구들한테 이야기하는 것이 최고의 해결 방안이 될 수 있다. 안 그러면 친구를 잃을 수도 있다. 대니의 친구인 톰은 대니가 너무 인색한 것에 질려 버렸고 그가 왜 그렇게 행동하는지 알 수가 없었다. 톰이 대니에게 도움을 줄 수 없을지도 모르지만, 그 문제에 관해 말하는 것만으로도 대니가 좀 더 단호해지도록 도울 수 있을 것이다.

대니는 이 문제를 분명히 알아차리고 조언을 받아들인 후에 다양한 해결 방안을 모색해 볼 수 있다. 많은 사람들에게 돈 문제는 좀 더 많이 벌거나 좀 덜 쓰면 해결된다(때로는 둘 다). 대니는 직장에서 야간 근무를 해서 돈을 좀 더 벌 수 있을 것이다. 또한 신용카드 회사, 채권자와 상의해서 소액 분할 상환을 할 수도 있을 것이다. 또한 신용카드를 다 잘라 버리고(신용카드를 소지하고 있으면 유혹을 받을 때가 많다), 술 마시는 습관이나 사람들과 어울리고 쇼핑하는 습관을 자제해야 한다.

이때 주의해야 할 사항이 있다. 다른 사람에게 조언을 구할 때는 한 가지 정보에만 집착하거나 치중하지 말고 여러 정보를 골고루 받아들여야 한다는 것이다. 사람들은 자신이 듣고 싶은 내용만 골라서 들으려는 경향이 있다. 그리고 나머지 충고는 무시해 버리기도 한다. 예컨대 누군가가 파산을 선언해야 한다고 충고하면 이것이 그럴듯하게 여겨져서, 앞으로 5년 동안 신중해야 한다는 재무 상담가의 조언을 금방 무시하는 것이다.

재정 문제에 관해 대책을 세우기로 결정했다면 작정한 모든 일을 지역 회관에서 여성들에게 적극성에 대한 강의를 했을 때, 12명 중 10명의 여성이 로또나 복권을 사느라 일주일에 5파운드(한화 약 8,600원)씩 쓴다는 사실을 알았다. 이들 중 대부분은 사실 재정 상태에 문제가 있었다. 그런데 그들은 모두 이 문제를 심각하게 생각해 본 적이 없다고 했다. 그 사람들은 매주 그렇게 많은 돈을 쓰는데도 그에 대해 결단을 내려 본 적이 전혀 없었다. 그리고 그 누구도 10파운드 이상의 상금에 당첨된 적이 없었다.

우리는 그 돈을 공동출자하면 연말쯤에는 2,500번이나 당첨되는 결과와 같아질 것이라고 했다. 이 사람들은 신디케이트(주식이나 공사채 등 유가 증권 발행 시 그 인수를 위하여 결성되는 인수단 _ 옮긴이)를 구성하기로 했고 매주 5파운드씩 돈을 냈다. 그래서 매달 200파운드의 프리미엄 본드(영국 정부의 국립 저축 투자 정책의 일환으로 발행한 복권식 채권으로, 원금 상환을 보장받을 뿐만 아니라 매달의 이자를 다른 상으로 대체해서 무작위로 뽑은 당첨자에게 돌려주는 제도_옮긴이)를 살 수 있었다.

상당한 액수의 돈을 탔으면 좋았겠지만 그들은 연말에 프리미엄 본드로 저축된 250파운드를 가질 수 있었을 뿐이다. 그러나 그들은 빚을 지는 대신 저축을 하는 데 더욱 자신감이 붙게 되었다고 말했다. 그들 중 일부에게는 작은 결정이 그들 자신의 인생을 바꾸는 터닝 포인트가 된 것이다.

실행에 옮겨야 한다. 항목을 만들고 하나씩 체크해 나간다. 자신의 지출을 주의 깊게 살펴본다면 놀랍게도 매달 빚이 줄어들 것이다. 결정에 따른 결과를 잘 지켜보자. 자신을 잘 살피지 않으면 옛 습관으로 되돌아가기 쉽다.

기억할 것

결정을 내릴 수 없다는 것은 대개 자신이 삶을 통제할 수 없음을 뜻한다. 이런 상황을 방치하면 보통은 상황이 악화되게 마련이다. 게다가 다른 사람이 이 사실을 모른다면 누구도 도와줄 수 없다.

● 머리와 가슴을 이용하라

"우리는 언제 어떻게 죽을지 선택할 수 없다. 지금 어떻게 살 수 있는지를 결정할 수 있을 뿐이다."

— 조앤 바에즈Joan Baez

데이비드는 자신의 어머니 글로리아가 점점 기억력을 잃어 가고 있다는 사실을 잘 알고 있다. 그녀는 혼자 살고 친구도 거의 없다. 남편이 죽은 후로는 데이비드한테 더 의존적이 되었다. 데이비드가 아직 미혼인 데다가 다른 두 자녀는 멀리 살고 있기 때문이다. 그러던 중 데이비드는 새로운 여자 친구와 사귀기 시작했다. 그런데 그는 어머니의 건강과 먹고사는 문제를 자신의 주된 책임이라고 여긴다.

최근에 글로리아는 밤에 잠옷만 걸치고 길거리를 배회하기 시작했다. 이웃이 데이비드에게 전화를 걸어서 엄마가 음식도 제대로 먹지 않아 걱정이 많이 된다고 말했다.

인생에서 가장 중대한 결정은 일어난 일에 대한 반응으로 결단을 내리는 것(퇴사를 당한 일, 누군가의 사망, 예기치 못한 횡재 등)과 인생을 발전시키기 위해 내리는 예단 및 용단(자녀 계획, 이사, 결별 등)으로 나뉜다. 두 가지 경우 모두 논리적인 판단과 직관을 적절히 합쳐서 결정해야 한다. 이것은 (사람들이 흔히 이야기하듯) '머리나 가슴'을 따르는 문제가 아니다. 훌륭한 결정은 종종 둘을 적절히 합친 것이다.

부모 부양 문제는 날이 갈수록 증가하고 있다. 데이비드는 어머니가 더 이상은 혼자 살 수 없다는 사실을 알고 있다. 하지만 그는 어머니가 자신과 살면 더 행복하리라는 직관과 요양소에 모시는 논리적인 해결책 사이에서 고민하고 있다. 그리고 이제는 더 이상 이 문제를 소홀히 할 수 없다는 것을 알게 되었다. 데이비드가 밤에 잠을 못 잘뿐더러 치매에 걸린 어머니가 자신뿐만 아니라 다른 사람들까지도 위험에 빠뜨릴 수 있기 때문이다.

적극적인 행동

모든 중대한 결정의 첫 번째 단계는 문제를 이해하는 것이다. 의사의 충고에 따라 데이비드는 치매를 치료하는 곳에 어머니를 모시고 갔다. 의사는 특별한 치료책이 없으며 사실 어머니의 상태가 급격히 악화되고 있다고 했다.

그런 다음에는 정말로 중요한 문제를 결정해야 한다. 데이비드는 어머니가 행복하기를 바라며 자신이 어머니를 돌볼 수 있을 것이라고 생각했다. 하지만 동시에 그의 경력과 사회생활에도 영향을 미치리라는 것을 알고 있었다. 과연 어머니를 요양소에 모셔 놓고 자신은 잘살 수 있을까? 그는 이 문제에 대해 다른 형제들과 상의했다. 그들은 데이비드가 어머니를 그의 집에 모셔 간 것에 매우 기뻐했다. 안 그러면 요양비를 내기 위해 어머니의 집을 팔아야 하기 때문이다.

그다음 단계는 대안을 생각해 보는 것이다. 데이비드는 사립 및 국립 의료원 등에 연락해 자신이 어머니와 같이 살면 어떤 도움을 받을 수 있는지를 문의했다. 또한 다양한 기관을 직접 찾아가서 실제로 어떤 일을 하는 곳인지, 비용은 얼마나 드는지를 알아보았다. 그리고 그는 어머니의 집을 팔 필요가 없다는 사실을 알았다. 그래서 그 집을 월세로 내놓고 그 돈에 연금을 합쳐서 요양 비용을 거의 마련할 수 있게 되었다. 지자체가 운영하는 요양소에 들어가면 어머니가 돌아가실 때까지 비용이 들었다. 그 비용은 집을 팔아서 생기는 이윤으로 마련할 수 있다.

조사를 했다면 모든 가능한 방법들을 고려해야 한다. 그런 다음 장점과 단점을 가늠해 보아야 한다. 두 개의 항목으로 리스트를 만들든지, 아니면 각 항목(진지하게 고민해야 하는 것)에 등급을 매겨도 된다. 각각의 행동에 따른 결과를 고려해 보자. 하지만 최악만을 생각하는 덫에 빠지지는 말고 긍정적인 결과도 생각하자.

중대한 결단을 내릴 때는 시간을 들여 심사숙고해야 한다. 결정을 내리기 전에 다른 방법이 있다면 그 기회를 잡자. 데이비드는 요양소 측의 배려로 2주 동안은 자신이 어머니를 모시고 시험 삼아 요양소에 2주 동안 머물도록 할 수 있었다. 이 기간이 지난 뒤 어머니는 더 없이 안정적이고 행복해 보였다. 형제들 또한 자신들이 물려받을 유산에 영향을 받지 않아서 기뻐했다. 데이비드는 요양소와 집이 가까워서 좋았다.

결정을 이행한 다음에는 결과를 평가해 본다. 데이비드는 어머니가 편안하게 지낼 수 있도록 주의 깊게 살폈다. 그리고 어머니가 행복해 보이지 않는다면 자신의 실수를 인정하고 마음을 바꿀 준비가 되어 있었다.

기억할 것

중대한 결단에는 용기가 필요하다. 위험을 감수할 용기, 행동에 옮길 용기, 그리고 결과에 대처할 용기가 있어야 한다.

● 실수에 대한 근심과 두려움 없애기

"당신이 옳을 수도 있고 틀릴 수도 있다. 그냥 피하지만 말라."

— 캐서린 헵번Katherine Hepburn

모이라는 롭이 자신의 집으로 들어와 살게 내버려 둔 것이 실수라고 생각했다. 모이라는 롭에게 그가 맡은 집안일을 하라고 설득했지만 그는 점점 더 자주 집을 비웠다. 그가 집에 있을 때는 항상 싸울 뿐이었다. 모이라는 이것이 자녀들에게 안 좋은 영향을 미친다고 생각했다. 그리고 모이라는 그가 종종 휴대전화로 통화하는 것을 보면서 그가 다른 여자를 만나고 있다고 깊이 의심했다.

　모이라는 이 상황에서 무엇을 어떻게 해야 할지 결정할 수가 없다. 그녀는 만일 롭에게 따지고 들면 롭이 자신을 떠나리라는 사실을 알고 있다. 그리고 그가 떠나는 것이 그녀가 원하는 일인지도 확신이 없다. 그리고 아들들이 또다시 소란을 피울까 봐 그것도 걱정이다. 또한 그녀 혼자서 돈을 벌 때보다 롭과 같이 버니 수입이 더 많아지고 삶이 훨씬 더 윤택해졌다. 그런 생각에 그녀는 우울해졌고, 롭에게 그 일을 따져 물었을 때 벌어질 결과가 걱정이 된다.

　결정을 내리기 어려운 이유 중 하나는 자신이 바라는 것은 생각지도 않고 다른 사람의 소원만 따르는 데 익숙하기 때문이다. 배우자, 친구, 부모, 직원으로서 갖는 각각 다른 역할 때문에 다른 사람을 행복하게 하려고 자신의 소원을 억누르고 사는 습관이 생겼을지도 모른다. 따라서 결단을 내릴 때도 적극적인 자세가 매우 중요하다.

　사람들이 단호하지 못한 또 다른 이유는 잘못된 결정을 내릴까 봐 두려워서다. 이런 걱정은 사람을 무기력하게 만든다. 그래서 "결국에는 다 잘될 것이다." 혹은 "나는 운명을 믿는다." 같은 철학을 믿으며 살게 한다. 사람들은 흔히 이렇게 말한다. "이제 일이 어떻게 되나 두고 보자." "어떤 일이 일어날 거야." 자신의 삶에 책임을 지기보다는 그냥 어떤 일이 일어나겠지 하는 심리인 것이다.

적극적인 행동

어떤 상황에 대해 아무것도 하지 않아도 괜찮다. 단, 아무것도 하지 않는 것이 해결책을 몰라 두려운 것이 아니라 잘 생각해서 내린 결정이라면 말이다. 염두에 둘 것은 자신이 인생을 통제하지 못하면 다른 누군가가 통제하게 된다는 사실이다. 현 상태를 그대로 유지하는 것도 하나의 결단이 될 수 있다.

이 경우에 모이라는 자기 자신 외에도 여러 사람을 고려하고 있다. 사실 모이라는 롭을 믿지 못하며 떠나 달라고 해야 한다는 감정적인 반응을 보이고 있다. 하지만 그와 헤어지면 경제적으로 어려워질 것이고, 아들들이 그간 받았던 옷이나 컴퓨터 게임 같은 것도 없어지리라는 사실을 잘 알고 있다. 이 경우에는 보통 글로 써 내려가다 보면 문제를 파악하기가 쉬워진다. 실제적인 생각뿐만 아니라 직관적인 생각도 써 보자.

그다음에는 정말로 중요한 문제를 처리해 나가야 한다. 일단 결정을 내리면 모이라는 롭과 사귀기 전에도 그녀의 삶을 유지해 왔고 앞으로도 그러리라는 사실을 깨닫는다. 또한 두 사람이 싸우는 집안 분위기를 아들들이 좋아하지 않을뿐더러, 모이라는 결정을 내리지 못해 자신의 정신 건강에 해가 되었다는 사실도 깨닫는다. 그리고 모이라는 완벽한 가정생활을 꾸려야겠다는 고정관념 때문에 쉽사리 결정을 내리지 못했다는 것을 알게 된다.

그다음 단계는 정보를 모으는 것이다. 이 단계에서는 서로 비방하며 싸우기보다는 릴레이트와 같은 기관에 같이 가 보는 것이 좋다. 여기서는 자유롭고 정직하게 대화를 나눌 수 있고 안전한 환경에서 두 사람의 관계를 의논할 수 있다. 시민 고충 상담소The Citizens' Advice Bureau 도 재정 문제에 관한 조언을 얻고 위자료를 받을 수 있는지를 상담할 수 있는 매우 유용한 기관이다. 중대한 결정을 내리기 전에는 보통 전문가의 조언을 듣는 것이 가장 좋다.

모이라는 친구에게도 비밀을 털어놓았지만, 친구가 최근에 이혼했기 때문에 편파적인 시각을 갖고 있지는 않을까 하는 생각도 든다. 실제로 결정을 할 때는 친구의 이혼, 임신, 이사, 휴가 등에 많은 영향을 받는다고 알려져 있다. 요즘에는 우리의 결정이 가족이나 친한 친구의 행동뿐만 아니라 각계각층의 모든 사회적 관계로부터도 영향을 받는다. 그러니 다른 사람에게 상담을 받는 것도 좋지만 그 사람들도 자신만의 생각이 있다는 사실을 염두에 두기 바란다.

릴레이트와의 첫 번째 약속이 있기 전까지 모이라는 자신의 재정 상태를 분명히 파악했고, 혼자서 경제적인 문제를 책임지지 못할까 봐 걱정하지 않게 되었다. 하지만 롭과의 미래에 대한 결정은 그에 대한 필요보다는 그에 대한 감정에 기초하고 있다. 그래서 이런 전문 기관을 찾으면 개인의 사생활 문제를 풀기가 어려울 수도 있다. 하지만 때로는 이것이 다람쥐 쳇바퀴 돌 듯 같은 문제에 빠지지 않을 수 있는 유일한 길이기도 하다.

일단 여러 방안을 생각하고 어떤 것이 가장 나은지 결정했다면 이를 생각하고 되돌아볼 시간을 갖는다. 이와 같은 상황에서는 몇 달이 걸릴 수도 있다. 하지만 늘 생각하되 원상태로 돌아가지 않도록 조심하자.

기억할 것

소극적이라고 해서 아무 일도 일어나지 않는 것은 아니다. 다른 누군가가 나 대신 결정하거나 내가 원하지 않는 방향으로 나를 끌고 가는 일이 발생할지도 모른다.

● 요약

"진정으로 얼굴에서마저 두려움이 가시기까지 모든 경험을 통해 힘과 용기와 자신감을 키워라. 당신은 자신이 할 수 없는 일을 해야만 한다."

－엘리너 루스벨트Eleanor Roosevelt

▶ 문제를 이해한다. 문제를 정확히 파악하고 그것을 글로 쓴다.
▶ 정말 중요한 문제를 처리한다. 당신 자신을 외면하는 일은 불행의 단골 메뉴다. 책임을 받아들이되 반드시 옳거나 틀린 답(혹은 완벽한 결과)이 없다는 사실을 기억하자.
▶ 다양한 방안을 생각한다. 만일 정해진 목표가 하나뿐이라면 이는 당신을 불행에 빠뜨릴 것이다. 융통성을 갖자. 비록 원하는

방향의 내용이 아니라 하더라도 조사하고 주위에 물어보며 정보를 모은다.

▶ 최고의 방안을 선택한다. 목록을 적거나 별표로 등급을 매겨서 장점과 단점을 재 본다. 각각의 방안에서 나올 수 있는 긍정적인 결과를 고려하는 것도 잊지 말자. 머리뿐만 아니라 가슴도 이용한다.

▶ 결정을 이행한다. 선택한 방안을 어떻게 이행할지 계획을 세우자. 이 단계에서는 절대 지체하면 안 된다.

▶ 결과를 점검한다. 결과가 어떻게 되어 가는지 체크한다. 당신이 결정한 일에 공평하게 기회를 주되 그것이 실수였다 하더라도 이를 인정하는 데 부끄러울 것은 없다. 인생의 모든 일을 배울 기회로 생각한다면 사실 그 어떤 것도 실수가 아니다.

| 맺음말 |

BBC의 두 개 프로그램(2009년 10월 26일)에서 에반 데이비스Evan Davis
가 빌 게이츠Bill Gates 다음으로 세계에서 두 번째로 부자인 워런 버핏
Warren Buffett에게 질문을 했다. 어떻게 그렇게 많은 돈을 벌 수 있었는
지, 그리고 아직도 즐겁게 일하는 충실한 직원을 두고 있는지 말이
다. 워런 버핏은 스무 살 때 대중 앞에서 연설하는 것이 너무 무서웠
다고 했다. 그런데 누군가가 〈데일 카네기 인간관계론〉이라는 책을
추천해 주었다고 한다. 버핏은 이 책을 읽은 이후로 의식적으로 그
책의 조언을 따르기로 했으며 그 결정이 자신의 인생을 바꾸었다고
했다.

이 책을 읽는 당신도 인생을 바꾸는 여행을 시작하게 되었다. 시간
을 가지고 천천히 변화해 가라. 그 어떤 중대한 변화도 하룻밤 사이
에 일어나지는 않는다. 실행에 옮기기에 가장 좋은 때와 장소로 되돌
아가서 조금씩 변화를 이루어 간다. 두려움을 극복하고 적극적으로
행동하고 나면 다음번에는 일이 더 쉬워질 것이다.

이 책을 읽는다고 해서 당신이 세상에서 가장 부유한 사람이 되지

는 않겠지만 당신의 삶이 근본적으로 아주 만족스럽게 변화될 것이다. 자신의 뜻을 드러내는 것을 걱정하지도 다른 사람을 두려워하지도 않으며, 인생에서 자신이 원하는 것과 믿는 바에 따라 사는 것만큼 기분 좋은 일은 없다.

적극적으로 산다는 것은 자신의 우선권을 똑바로 밝히면서 이 문제로 다른 사람들과 다투지 않고 타협해 나가는 것을 뜻한다. 이는 또 사소한 일에 대한 걱정과 자신이 했던 말로 밤잠 설치는 일을 끝낸다는 의미다. 적극성은 진실해지는 것이다. 내가 누구인지, 내가 믿는 것이 무엇인지를 아는 것이다. 그러면 인생이 간단해지면서 중요한 일에 초점을 맞출 수 있게 된다.

이제 당신은 좀 더 확실한 삶을 향해 첫발을 내디뎠다. 계속해서 그 길을 따라 걸어가라. 약속하건대 그러면 당신은 절대 뒷걸음치지 않을 것이다. 행운을 빈다!

부록

적극적인 말과 신속한 대답을 위한 팁

때로는 적극적인 말을 생각해 내기가 쉽지 않은 상황이 있을 것이다.
다음은 그러한 경우에 유용하게 쓸 수 있는 대답이다.

- 말씀이 너무 공격적이시네요.
- 당신의 행동은 받아들이기 힘드네요.
- 그렇게 나쁘게/잔인하게/가슴 아프게 말씀하시다니 당신 같지 않네요.
- 그렇게 느끼셨다면 죄송합니다.
- 그 문제를 어떻게 생각하실지 이해가 갑니다.
- 이해가 안 갑니다. 자세히 설명해 주시겠습니까?
- 흥미로운 질문이네요.
- 대답하고 싶지 않습니다.
- 마음에 새기겠습니다.
- 우리의 생각이 서로 어떻게 다른 거죠?
- 말씀하신 것을 잘 모르겠습니다.
- 일리가 있네요.
- 아뇨, 죄송합니다. 못하겠습니다.
- 제 생각에는 …가 힘들 것 같습니다.
- 도와 드리고 싶습니다만….
- 저하고는 안 맞습니다.
- 그 일을 생각해 보겠습니다.
- 나중에 다시 이야기해도 될까요?
- 이 문제를 깊이 생각해 봤고 …하기로 결정했습니다.
- …하는 데 당신의 도움이 필요합니다.
- 말씀하신 것이 정확히 무슨 뜻인지요?
- 우리가 …할 수 있을까요?

적극성에 스펙을 걸어라

초판인쇄 2012년 6월 20일
초판발행 2012년 6월 25일

지은이 수 해드필드(Sue Hadfield) · 질 해슨(Gill Hasson)
옮긴이 심우진
펴낸이 박찬후
펴낸곳 북허브
등록일 2008. 9. 1

주소 서울시 구로구 구로2동 453-9
전화 02-3281-2778
팩스 02-3281-2768
e-mail book_herb@naver.com
　　　　http://cafe.naver.com/book_herb

＊잘못된 책은 구입하신 서점에서 바꾸어 드립니다.

값 14,000원
ISBN 978-89-94938-06-6(03320)